MAREN SCHNEIDER

CRASHKURS MEDITATION

Anleitung für Ungeduldige

... garantiert ohne Schnickschnack

Inhalt

5. WOCHE: AKZEPTIERE, WAS IST

6. WOCHE: NIMM DEINE GEFÜHLE AN

7. WOCHE: LIEBE DICH SELBST

8. WOCHE: DAS LEBEN ALS MEDITATION

AUSBLICK: WIE ES WEITERGEHEN KÖNNTE

SERVICE – ZUM NACHSCHLAGEN

IN ACHT WOCHEN MEDITIEREN LERNEN

Mit diesem Crashkurs kannst du jederzeit beginnen. Du brauchst weder besonders entspannt zu sein, noch all zu viel Zeit dafür aufzuwenden, noch dich länger aus dem Alltag zurückzuziehen. Stattdessen werden wir alle möglichen Alltagsgegebenheiten mit einbeziehen, sodass die Meditation Schritt für Schritt Teil deines ganz normalen Lebens werden wird.

SO FUNKTIONIERT DER CRASHKURS

Es gibt eine Fülle an Meditationstechniken. In diesem Buch widmen wir uns hauptsächlich der Achtsamkeitsmeditation, die eine äußerst alltagstaugliche Meditationsform darstellt. Freu dich also auf acht Wochen, in denen du lernen wirst, dich von Stress, kreisenden Gedanken und Verhaltensweisen, die weder dir noch deinem Umfeld guttun, zu befreien, sodass mehr Raum für Ruhe, Klarheit und Gelassenheit entstehen kann.

Step by Step den Geist trainieren

Achtsamkeitsmeditation ist keine Entspannungstechnik, auch wenn sie häufig so verkauft wird. Entspannung ist vielmehr ein sich mit der Zeit einstellendes »Nebenprodukt« der Übung. Durch Meditation verändert sich erwiesenermaßen deine Gehirnaktivität, die Stressresistenz verbessert sich, und Angst sowie Depressionen werden reduziert. All das ermöglicht es dir, ruhiger, klarer und selbstbestimmter zu werden. Je mehr du übst, desto freier wirst du dich fühlen, denn du kommst dadurch in Kontakt mit deiner Lebendigkeit, du nimmst die Fülle des Lebens wahr und entwickelst mit der Zeit die Fähigkeit, Entscheidungen zu treffen und konstruktiv mit den Herausforderungen des Lebens umzugehen. Schritt für Schritt stellt sich bei dir ganz von selbst ein glücklicheres Lebensgefühl ein. Folge einfach den Anweisungen und Übungen in diesem Buch in der Reihenfolge

der Kapitel. Übe möglichst täglich, mindestens eine Woche lang, bevor du dich dem nächsten Kapitel und neuen Übungen zuwendest. Die Übungen bauen aufeinander auf, und der Schwierigkeitsgrad erhöht sich mit der Zeit. Meditation ist ein Training wie Sport. Und damit du dich nicht überforderst, sind kurze Einheiten das Erfolgsrezept. So fällt das Training leicht, macht mehr Spaß und beugt dem geistigen Muskelkater – auch Frustration genannt – vor.

Der Trainingsplan

Der Crashkurs ist dein Meditations-Trainingsplan für die kommenden acht Wochen und lässt dich durch kurze Einheiten von drei bis höchstens zehn Minuten beständig Fortschritte machen. Die Übungen sind so kurz gehalten, dass sie sich gut in deinen Tagesablauf integrieren lassen. Es wird in jeder Woche eine Meditationsübung geben, die du zurückgezogen an

deinem Meditationsplatz praktizieren wirst, sowie kleine Übungen für zwischendurch, mit denen du direkt in deinem Alltag experimentieren kannst. Diese Kombination hat sich bestens bewährt, denn sie macht deine Übungspraxis absolut alltagstauglich.
Meditation erschließt sich nur über eigene Übung und Erfahrung. Am schnellsten wirst du Fortschritte machen, wenn du täglich übst. Keine Angst, es sind nur ganz kurze Einheiten von wenigen Minuten. Schau dir einfach deinen Tagesablauf an, es gibt bestimmt immer wieder Lücken, die du nutzen kannst. Es lohnt sich! Mit ein wenig täglichem Einsatz wirst du dein Leben positiv beeinflussen und es dir bisweilen sehr erleichtern.

Info i

Neue Gewohnheiten schaffen

Gewohnheiten sind nichts anderes als neuronale Verschaltungen in unserem Gehirn, die sich durch dauernde Wiederholungen bilden. Du kannst dir diese Gewohnheits-Verschaltungen (stark vereinfacht) wie ein gut ausgebautes Wegenetz vorstellen, auf dem unser Gehirn Impulse weiterleitet und uns handeln lässt, ohne dass wir groß darüber nachdenken müssen. Alles, was wir längere Zeit regelmäßig üben, führt zu solchen Verschaltungen. Je öfter wir immer das Gleiche üben, umso stärker wird dieses neuronale Wegenetz ausgebaut. So kannst du bis ins hohe Alter hinein neue Fertigkeiten und Gewohnheiten entwickeln, aber auch alte Gewohnheiten festigen, wenn du sie fortführst. Auch die Übung der Achtsamkeit und Meditation schafft in deinem Gehirn neuronale Verschaltungen, die es dir mit der Zeit ermöglichen, wie von allein immer klarer, präsenter und bewusster zu sein.

1. WOCHE:
ERLEBE DEINEN ATEM

Wenn du dich auf den Atem konzentrierst, bekommst du ein Gefühl dafür, was deinen Geist bewegt und umtreibt und wie du ihn zumindest kurzfristig zur Ruhe bringst. Das kannst du zwischendurch im Alltag immer wieder üben, aber auch in einer für dich angenehmen Meditationshaltung in Form eines kleinen täglichen Rituals.

DER GANZ NORMALE WAHNSINN

Viele Menschen verbringen einen Großteil des Tages damit, sich über die Zukunft Sorgen zu machen oder über das, was gestern war, nachzugrübeln, statt im Hier und Jetzt präsent zu sein: Du wäschst dir vielleicht die Haare und sitzt dabei gedanklich bereits in der bevorstehenden Teambesprechung im Büro. Du ziehst dein Kind an und stellst währenddessen schon den Einkauf zusammen. Während du zu Mittag isst, redest du mit deiner Kollegin über den neuen Chef und seine nervige Art und bekommst dabei gar nicht mit, wie gut dir das Essen schmeckt.

In Gedanken immer einen Schritt voraus

Nichts scheint schnell genug zu gehen, denn es gibt noch so viel zu tun. Immer ist man gedanklich schon bei den vielen Dingen des nächsten Moments, doch nur selten aufmerksam und präsent in der Gegenwart. Das führt zu Stress. Der Blutdruck steigt, der Puls rast. Muskelverspannungen, Kopf- und Magenschmerzen können rasch zu täglichen Begleitern werden. Im Bett registrierst du vielleicht noch, dass wieder ein Tag um ist, die Gedanken immer noch durch deinen Kopf toben und du trotz Müdigkeit nicht zur Ruhe kommst. Schläfst du endlich ein, wirst du nachts oder am frühen Morgen wach, und die Gedanken kreisen immer noch in einer Endlosschleife. Wenn doch nur endlich Ruhe im Kopf herrschen würde!

Ruhe da oben!

Vielleicht hast du schon mal gelesen oder gehört, dass man seine Gedanken am besten loslässt. Großartige Idee! Aber wie macht man das? Vielleicht hast du auch schon mal versucht zu meditieren und dann die Erfahrung gemacht, dass du noch unruhiger wurdest, sobald du dich auf dem Meditationskissen niedergelassen hattest. Vielleicht beschleicht dich aber auch schon allein beim Gedanken an ruhiges Sitzen ein Gefühl der Unruhe. Egal. Probier einfach die folgende kleine Übung aus, die dir einen idealen Einstieg in den Ausstieg aus dem Gedankenkarussell bietet.

Die 3-Atemzug-Übung

Diese kleine Aufmerksamkeitsübung vermittelt einen ersten Eindruck davon, was Meditation sein könnte. Sie gelingt jedem, und du kannst sie jederzeit zwischendurch in deinen Alltag einbauen.

- Setz dich bequem, aber aufrecht und möglichst ohne dich anzulehnen, auf einen Stuhl.
- Richte die Aufmerksamkeit auf deinen Atem und mache eine Stelle in deinem Körper ausfindig, wo du ihn besonders leicht spüren kannst: in der Nase, im Brust- oder Bauchraum, ganz egal. Lass deinen Atem ganz natürlich fließen, ohne irgendetwas zu verändern. Er braucht weder besonders ruhig noch tief oder was auch immer zu sein. Es geht hier nicht um eine Atemübung, sondern um ein kleines Aufmerksamkeitstraining für deinen Geist!

- Entscheide dich jetzt dafür, den nächsten Atemzug in seiner vollen Länge ganz bewusst zu fühlen, ohne an irgendetwas anderes zu denken. Fühle zuerst die Einatmung, und wenn das geklappt hat, dann bleibst du ebenso präsent bei der Ausatmung.
- Mach dies für drei Atemzüge, nicht länger. Drei Atemzüge lang richtest du deine ganze Aufmerksamkeit nur auf das Fühlen deines Atems. Drei Atemzüge Meditation – und das war's erst mal!

Aus dem Gedankenkarussell aussteigen

Und, hat es geklappt? Konntest du mit deiner vollen Aufmerksamkeit beim Fühlen deines Atems bleiben? Na also! Selbst wenn sich der eine oder andere Gedanke zwischen einen neuen Atemzug geschoben hat, ist das kein Problem. Du hast weitergeübt und damit einen Schritt heraus aus dem Gedankenkarussell gemacht, in dem du von Gedanken bewegt wirst, die du gar nicht haben willst und die dir nicht guttun. Gedanken sind auch mit aufdringlichen Gästen vergleichbar, die keiner eingeladen hat und die man nur schwer wieder los wird.

Stell dir vor, du bist auf einer Party, und jemand erzählt dir etwas, das dich überhaupt nicht interessiert. Du kannst dir das bis zum Ende des Abends anhören oder aber die Entscheidung treffen, dieses Gespräch zu beenden und dich daraufhin etwas anderem zuzuwenden. Es geht also darum, dass du im Alltag erkennst, in welcher Situation du dich gerade befindest und ob du etwas mit dir geschehen lässt, das du nicht willst. Als Nächstes machst du dir dann klar, was du eigentlich möchtest, und fällst daraufhin die Entscheidung, aktiv zu werden, um zum Ziel zu gelangen.

MEDITATIONSBASIS: ATEMACHTSAMKEIT

Gedanken kommen nicht von außen, sondern sind Teil der eigenen geistigen Aktivität. Wir werden nicht von ihnen festgehalten, sondern klammern uns selbst an ihnen fest. Wenn du einen lästigen Gedanken nicht mehr haben willst, kannst du dich entscheiden, dich von ihm abzuwenden. Doch was dann? Wendest du dich dem nächsten Gedanken zu? Dann wärst du ja erneut in einer Gedankenschleife. Deshalb ist ein neutrales Objekt gefragt, auf das du deine Aufmerksamkeit richten kannst: der Atem.

Der Atem als Anker

Der Atem eignet sich aus verschiedenen Gründen, um deine Aufmerksamkeit im aktuellen Moment zu halten:

- Er kostet nichts und ist immer und überall da, wo auch du bist.
- Es gibt immer nur jeweils einen klar abgegrenzten, fühlbaren Atemzug, den du Moment für Moment wahrnehmen kannst. So verbindet dich das Fühlen des aktuellen Atemzugs direkt mit dem Hier und Jetzt.
- Über die körperliche Wahrnehmung koppelt er dich von reiner intellektueller Aktivität ab, sodass dein Körper und dein Geist wieder zu einer Einheit werden können.

Das Atmen ist so selbstverständlich für uns, dass wir es meist nur dann bewusst wahrnehmen, wenn wir außer Atem geraten oder vor Schreck den

Atem anhalten. Für die Meditation ist das Vertrautsein, das bewusste Fühlen-Können des Atems jedoch ein wichtiger Pfeiler. Lass dich also auf die folgende Übung ein, um in Kontakt mit deinem Atem zu kommen. Du brauchst dafür nicht mehr als fünf Minuten Zeit. Um dir die Übung zu erleichtern, habe ich dir diese Meditation auf CD (Track 1) gesprochen.

Meditation

Mit dem Atem vertraut werden

- Setz dich noch einmal bequem, aber aufrecht hin wie vorhin beim ersten Versuch mit der 3-Atemzug-Übung. Gib dir ein wenig Zeit, zur Ruhe zu kommen. Vielleicht fühlst du noch etwas Anspannung in den Muskeln. Schau, ob es möglich ist, bei jeder Ausatmung ein bisschen mehr von dieser Spannung zu lösen. Immer ein bisschen mehr.
- Richte nun deine Aufmerksamkeit ganz bewusst auf den Atemvorgang. Wo kannst du deinen Atem gerade fühlen? Vielleicht spürst du, wie ein zarter Lufthauch an deinen Naseninnenwänden vorbeistreicht oder wie die einfließende Luft deinen Rachen kühlt. Vielleicht kannst du den Atemvorgang auch im Brustraum wahrnehmen, wenn sich der Brustkorb beim Einatmen ausdehnt und beim Ausatmen wieder zusammenzieht.
- Geh dann noch etwas weiter nach unten zum Bauchraum. Vielleicht wölbt sich dein Bauch beim Einatmen sanft nach vorn und zieht sich beim Ausatmen wieder ein.
- Fühle die Bewegungen deines atmenden Körpers für ein paar Momente und mache dich ganz vertraut mit deinem Atem. Erlaube dir, deinen Atem zu genießen.

- Wenn du bemerkst, dass deine Aufmerksamkeit abschweift und du über etwas nachzudenken beginnst, ist das überhaupt nicht dramatisch. Registriere es einfach und komm dann, ohne weiteres Aufheben darum zu machen, kommentarlos und schlicht wieder zum Fühlen deines Atems zurück.
- Der Geist ist immer in Bewegung. Es ist seine Natur, mit allem Möglichen zu spielen und alles zu kommentieren. So ist es nur natürlich, dass du immer mal wieder abschweifst. Die Übung besteht darin, das du das bemerkst und ohne etwas zu bewerten die Aufmerksamkeit ganz sanft und unmittelbar wieder auf das Fühlen des Atems richtest. Wenn es sein muss, 20-mal oder öfter hintereinander – das ist okay.
- Beende nach insgesamt fünf Minuten die Übung, indem du einmal tief ein- und wieder ausatmest, dich reckst und streckst und dann die Position langsam wieder auflöst.

Merkkasten

Den Atem als Unterbrechung der Gedanken nutzen

- Bemerke, dass du dich gerade in Gedanken verlierst.
- Fälle die Entscheidung, dem Gedanken nicht mehr weiter zu folgen.
- Wende dich entschieden ab, so als würdest du innerlich auf dem Absatz kehrtmachen.
- Wende dich dann bewusst etwas anderem zu. Das ist in diesem Fall das körperliche Fühlen des Atems.

WAS DU ZUM MEDITIEREN BRAUCHST

Vielleicht ist es vollkommen neu für dich, dich nicht weiter mit deinen Gedanken zu beschäftigen, sondern deine Aufmerksamkeit ganz auf das Fühlen des Atems zu richten. Das soll alles sein? Ja, das ist erst einmal alles. Doch in der Praxis wirst du schnell merken, dass diese einfache Anweisung nicht ganz so leicht umzusetzen ist. Du brauchst ein gewisses Maß an Disziplin und Entscheidungskraft, um die Aufmerksamkeit bewusst dem Atem zuzuwenden. Denn die über viele Jahrzehnte gebildete geistige Gewohnheit, sich permanent mit Gedanken zu beschäftigen, ist stark. Mit der Zeit wird es dir durch regelmäßiges Üben jedoch immer leichter fallen. Gehen wir nun noch einen Schritt weiter, nämlich zur ersten formalen Meditation, was so viel heißt wie: Wir suchen jetzt eine geeignete Sitzposition für dich, die es dir ermöglicht, fünf Minuten lang ruhig zu sitzen und deinen Atem achtsam zu begleiten.

Einen Meditationsplatz einrichten

Für die formale Übung der Meditation ist es hilfreich, sich einen festen Übungsplatz einzurichten, an dem alles bereitliegt, sodass du dich nur noch hinzusetzen brauchst. Du wirst schnell merken, dass dieser Ort zu deiner Stätte der Stille, der Kraft und der Sammlung wird. Der Meditationsplatz benötigt nicht viel Raum. Es reicht häufig eine kleine Ecke in einem ruhigen Zimmer. Wenn du magst, kannst du diese schön gestalten, beispielsweise indem du eine hübsche Kerze oder Blume aufstellst, sodass dieser Platz und deine Meditationszeit für dich wirklich zu etwas Feierlichem und Kostbarem werden.

Die richtige Sitzposition finden

Traditionellerweise wird die Meditation im Sitzen auf dem Boden ausgeführt. Das Meditationskissen ist eine gute Wahl, wenn es dir leichtfällt, mit verschränkten Beinen zu sitzen. Durch das Kissen wird das Gesäß etwas erhöht, und dies hilft dir, anstrengungslos aufrecht zu sitzen. Die Höhe deines Kissens sollte ungefähr zwei eigenen Fäusten entsprechen.
Alternativ kannst du auch auf einem Meditationsbänkchen sitzen. Dies kann eine gute Lösung sein, wenn du unter Knie- oder Hüftproblemen leidest und keinen Schneidersitz oder Ähnliches einnehmen kannst.
Sollte es dir schwerfallen, auf dem Boden zu sitzen, kannst du genauso gut auch auf einem Hocker oder Stuhl meditieren. Du solltest dich dabei aber nach Möglichkeit nicht anlehnen, sondern frei aufrecht sitzen. Auf die Sitzfläche legst du dir zur Unterstützung am besten ein Keilkissen, um besser in einer aufrechten Haltung verweilen zu können.
Die Sitzposition beim Meditieren sollte so gelöst und schmerzfrei wie möglich sein. Sonst verspannt sich erst dein Körper und dann dein Geist, was die Meditation zu einem quälenden K(r)ampf werden lässt. Mach es dir also ruhig so bequem und einfach wie möglich und erleichtere dir das aufrechte Sitzen, indem du dich »auspolsterst«, also dir noch eine zusätzliche gefaltete Decke auf deine Sitzgelegenheit legst, damit du höher sitzt, oder Kissen unter die Knie legst, um deine Gelenke zu entlasten, oder mit Kissen deinen Rücken stützt (siehe auch Tipp Seite 19).

Beim burmesischen Sitz legst du einen Unterschenkel vor den anderen.

Experimentiere dabei mit Sitzkissen in verschiedenen Höhen.

Auf dem Meditationskissen

Setz dich auf dein Meditationskissen und rutsche mit dem Gesäß in Richtung Kante des Kissens. So kippt das Becken etwas nach vorn, und dein Oberkörper kann sich aus dem Becken heraus ohne Muskelkraft gerade aufrichten. Wähle für die Beine eine Position, die du leicht und schmerzfrei einnehmbar kannst, also entweder den burmesischen Sitz (siehe oben), den einfachen Schneidersitz, den halben Lotussitz (siehe beide auf der nächsten Seite) oder gar den ganzen. Auch wenn es dir vielleicht verlockend erscheint, die Beine im ganzen Lotussitz zu verknoten, ist diese Position für die meisten Menschen in unseren Breitengraden eher schwierig einzunehmen. Belaste deine Knie und Hüfte nicht unnötig, sondern such dir eine Meditationshaltung aus, die dir wirklich entspricht.

Beim Schneidersitz können Kissen unter den Knien hilfreich sein.

Beim einfachen Lotussitz legst du nur einen Fuß auf deinen Oberschenkel.

Bei Knie- und Hüftproblemen fällt längeres Sitzen auf dem Bänkchen leichter.

Auf dem Bänkchen

Knie dich hin, stelle das Meditationsbänkchen über deine Unterschenkel und setz dich dann darauf. Die Sitzfläche des Bänkchens ist etwas nach vorn geneigt, sodass du das Becken besser kippen kannst und damit die Aufrichtung deiner Wirbelsäule unterstützt.

Auf dem Stuhl

Wenn du einen Stuhl benutzen möchtest, dann setz dich auf die vordere Hälfte der Sitzfläche, die

Tipp

Wenn der Rücken schmerzt

Wenn du es einmal gar nicht schaffst, schmerzfrei und entspannt gerade zu sitzen, dann setz dich so nah an die Wand oder die Lehne des Stuhls, dass du ein festes Kissen zwischen Wand oder Stuhllehne und deinen Lendenwirbelbereich klemmen kannst. Dadurch wird der untere Rücken gestützt, und das aufrechte Sitzen fällt dir leichter. Den Oberkörper lehnst du dabei nicht an, damit er beweglich bleibt und du frei atmen kannst.

Beine ungefähr im rechten Winkel gebeugt. Zwischen den Knien ist gut eine Handbreit Platz. Die Füße stehen parallel zueinander, und die Fußsohle liegt auf dem Boden flach auf, sodass du wirklich guten Bodenkontakt hast.

Nachdem du jetzt eine für dich bequeme Meditationshaltung gefunden hast, möchte ich dich zu deiner ersten »richtigen« Meditation einladen, in der all das zusammengefasst ist, was du bis jetzt ausprobiert hast. Nimm dir fünf Minuten Zeit dafür. Du findest sie als gesprochene Anleitung auf der dem Buch beiliegenden CD (Track 2).

Leg dir ruhig ein Kissen unter die Füße, damit du so entspannt wie möglich sitzt.

Meditation

Den Atem fühlen

- Nimm deine bevorzugte Meditationshaltung ein und mach es dir bequem. Sitze so stabil und geerdet wie ein Berg. Setz dich dazu aufrecht und würdevoll hin. Erlaube dir, ganz zur Ruhe zu kommen.
- Lass die Schultern nach hinten unten sinken, sodass sich Brust- und Bauchraum öffnen und weiten.
- Der Kopf sitzt aufrecht und gerade auf deinen Schultern. Zieh dein Kinn leicht ein, so als würdest du ein kleines Doppelkinn machen wollen. Das streckt deine Halswirbelsäule.
- Lass dein Gesicht ganz weich werden und auch den Unterkiefer nach unten sinken. Fühle, wie deine Lippen sanft aufeinanderliegen. Die Zungenspitze ruht ganz entspannt oben am Gaumen, kurz hinter den Schneidezähnen.
- Deine Arme sind locker, die Hände liegen mit den Handflächen nach unten auf den Oberschenkeln.
- Halte die Augen leicht geöffnet, der Blick ruht etwa zwei Meter vor dir auf dem Boden, ohne etwas Spezielles zu betrachten.
- Richte deine Aufmerksamkeit nun bewusst auf das Fühlen deines Atems. Such dir eine Stelle aus, an der es dir wirklich leichtfällt, den Atem zu spüren. Das kann deine Nase, der Hals-, Brust- oder Bauchraum sein. Du solltest den Atem an dieser Stelle schon natürlich fühlen können und ihn nicht erst willentlich dort hinlenken. Wenn du die Stelle gefunden hast, verankerst du dort deine Aufmerksamkeit.
- Lass den Atem ganz natürlich ein- und ausfließen, ohne ihn zu verändern, zu vertiefen, zu verlangsamen oder zu beschleunigen. Bleib mit deiner Aufmerksamkeit ganz beim Fühlen deines Atems. Und jetzt kommt der Trick: Entscheide dich bewusst, den nächsten Einatemzug

in seiner vollen Länge zu fühlen und mit der Aufmerksamkeit gesammelt dabeizubleiben. Anschließend entscheide dich bewusst, den gesamten Ausatem präsent zu bleiben. Und dann wieder den nächsten Einatem und dann den nächsten Ausatem ... Mach das insgesamt nur für drei Atemzüge (dreimal ein- und ausatmen).

- Mach nun eine kleine Pause. Streck dich, lass deinen Blick langsam über die Zimmerdecke schweifen.
- Nimm dann wieder die Meditationshaltung ein, sammle die Aufmerksamkeit auf deinen Atempunkt und übe für weitere drei Atemzüge, die Aufmerksamkeit zu halten. Übe auf diese Weise insgesamt fünf Minuten.

Übungen für die 1. Woche

Achtsamkeitsmeditation:

Die Meditationsübung »Den Atem fühlen« kannst du morgens und/oder abends mit oder ohne CD üben oder immer dann, wenn es in deinen Tagesablauf passt. Experimentiere ein bisschen mit den Übungszeiten.

Übung im Alltag:

Richte während des Tages bewusst deine Aufmerksamkeit immer mal wieder auf deinen Atem. Das merkt garantiert niemand. Du brauchst dazu auch keine Meditationshaltung einzunehmen. Straffe lediglich kurz deinen Körper, atme einmal mit voller Aufmerksamkeit bewusst ein und aus. Dieses Atmen öfters am Tag geübt, schafft ohne viel Aufwand mehr Präsenz und trainiert deine Fähigkeit, beim Atem bleiben zu können.

2. WOCHE: ENTDECKE DIE MUẞE

Du erlebst in dieser Woche, wie die Meditation in deinem geschäftigen Alltag zu einer Insel des bewussten Nichtstuns werden kann, auch ohne dass du dich dafür groß zurückzuziehen oder gar in einem Kloster leben bräuchtest.

DAS NICHTSTUN ERKUNDEN

Nachdem du nun bereits ein wenig Erfahrung hast und sich die ersten Verschaltungen der Atemachtsamkeit in deinem Gehirn gebildet haben, wirst du feststellen, dass du von Woche zu Woche konzentrierter bei deinem Atem bleiben kannst.

Sehr wahrscheinlich hast du gemerkt, dass die Technik zwar einfach, doch die Ausführung nicht ganz so leicht ist und sich beständig Gedanken in deine Aufmerksamkeit gedrängt haben. Ganz schön schwer, nicht dauernd auf diese Gedanken und Bilder anzuspringen, oder? Keine Sorge, das ist vollkommen normal. Jeder, der meditiert, kennt dieses Phänomen. Unser Geist ist permanent in Aktion, und wenn wir dann noch jedem gedanklichen Impuls folgen wollen, wird er immer aktiver.

Leben im Hamsterrad

Für gewöhnlich kennt der heutige Organismus nur zwei Modi: erregt-aktiv oder entspannt-schlafend. Wahrscheinlich ist dir das Gefühl vertraut, permanent aktiv sein zu müssen. Es gibt immer etwas zu tun, und wenn du denkst, dass du bereits alles erledigt hast, fällt dir sofort eine weitere Aufgabe ein, die noch auf dich wartet. Wie im Hamsterrad spulst du eine Tätigkeit nach der anderen ab (oder vielleicht auch schon mehrere gleichzeitig) in der Hoffnung, bald fertig zu sein, doch nie kommst du ans Ziel.

Merkkasten

Hindernisse in der Meditation

Bei der Meditation gibt es zwei große geistige Hindernisse, die es dir schwer machen werden, zu meditieren:

- Der dumpfe Geist, der dich permanent verlockt einzuschlafen, der dafür sorgt, dass sich alles schwer und träge anfühlt und du vor dich hin träumst, anstatt dich zu sammeln.
- Der erregte Geist, der dich auf alles Mögliche anspringen lässt, der dich dazu bringt, dass du ein Alltags-Szenario nach dem anderen entwickelst, planst, dir Sorgen machst und der dir, kaum dass du dich hingesetzt hast, aufzählt, was du jetzt viel Wichtigeres zu tun hättest.

Was das Rad antreibt

Hoffnung und Furcht sind die Hauptantriebsfedern, die das Lebenshamsterrad am Laufen halten. Die meisten von uns versuchen, immer mehr zu erreichen, weil sie hoffen, dass es ihnen dann endlich besser geht, sie zufriedener oder sogar glücklich sind. Und gleichzeitig treibt sie die Furcht um, den Ansprüchen ihrer Umwelt (oder auch nur den eigenen) nie genügen zu können und das schon Erreichte wieder zu verlieren.

Zum großen Teil wird das Hamsterrad von deiner wild gewordenen, dich vor sich her scheuchenden Gedankenaktivität angetrieben. In der buddhistischen Lehre wird sie der »Affengeist« genannt.

Wenn du dann endlich mal einen Moment zur Ruhe kommst, beispielsweise beim abendlichen Fernsehen oder Lesen, kann es gut sein, dass dein Geist so erschöpft ist, dass du dich schon nach fünf Minuten nicht mehr konzentrieren kannst und einschläfst.

Der Muße auf der Spur

Es gibt allerdings auch noch einen dritten Modus: entspannt-wach. Früher hieß dieser Zustand Muße, heute wird er neudeutsch »Flow« genannt. In diesem Zustand fällt es dir leicht zu meditieren. Du kannst mühelos deine Aufmerksamkeit sammeln und fühlst dich innerlich klar und frisch, ohne Schläfrigkeit oder den Drang nach geschäftiger Aktivität zu verspüren. Vielleicht kennst du diesen Zustand von einem kreativen Hobby her – wenn du dich mit einer Tätigkeit wie Malen, Basteln oder Handwerken beschäftigst und dabei voll bei der Sache, aber frei von Ehrgeiz und Verbissenheit bist. »Und wie gelingt mir das in der Meditation?«, fragst du dich jetzt wahrscheinlich. Legen wir erst einmal einen Zwischenschritt ein, der dich dabei unterstützt, dich zu öffnen und zu entspannen.

Übung

Übung in Muße

- Nimm dir für diese Übung drei bis fünf Minuten Zeit. Gib dir für diesen kurzen Moment den Raum, bewusst nichts zu tun, auch nicht zu planen oder etwas zu durchdenken.
- Setz dich ans offene Fenster, auf den Balkon oder in den Garten und schau vor dich hin. Schau in den Himmel oder auf die Bäume, ohne Absicht, einfach nur gucken. Sitz da, sieh den Wolken beim Vorbeiziehen zu, fühle den Wind, der dein Gesicht streichelt, höre das Vogelgezwitscher, rieche das Gras. Sei einfach da, nur für diesen einen Moment.
- Vielleicht tauchen Gedanken auf, die dir einflüstern, dass du mit deiner Zeit Wichtigeres anfangen könntest und eigentlich noch ganz viel

zu tun hättest. Registriere diese Gedanken, doch geh ihnen nicht nach. Dieser Moment ist kostbar und währt schließlich nicht ewig. Sieh ihn als wichtigen Baustein, um gesund zu bleiben und dich aus der Zwangsjacke der Betriebsamkeit und der Tyrannei deiner Gedanken zu befreien. Du entscheidest, wann du etwas tust, nicht dein umtriebiger, nörgeliger Geist. Verbinde dich stattdessen wieder achtsam mit dem gegenwärtigen Moment, mit dem, was du gerade siehst, hörst, riechst oder fühlst.

- Wenn du diese Übung beenden möchtest, atme tief durch, steh dann bewusst auf und widme dich wieder mit gesammelter Aufmerksamkeit dem, was als Nächstes ansteht.

Das Gedankenchaos klären

Ich kann mich noch gut an ein Experiment im Sachunterricht in der Grundschule erinnern. Wir haben Erde in ein Glas gefüllt, Wasser darauf gegossen und alles kräftig umgerührt. Es war eine großartige Schlammbrühe! Dann haben wir das Glas auf die Fensterbank gestellt und ganz in Ruhe gelassen. Mit der Zeit sanken die groben Körner auf den Boden des Glases, doch das Wasser war noch trüb von den zahlreichen Schwebeteilchen. Nach einiger Zeit sanken auch diese nach unten, und das Wasser wurde vollkommen klar. Für mich war das ein absolutes Wunder!
Meditation bewirkt das Gleiche in unserem durch permanente Gedankenaktivität getrübten Geist: Wir üben uns in bewusstem Nichtstun, und ganz von selbst klärt sich die »Schlammbrühe« unserer Gedanken. Der Geist wird ruhig und klar – und wir entspannen uns. Das Nichtstun beginnt damit, dass du dich still hinsetzt, ohne hin und her zu rutschen, dich zu kratzen oder dir die Nase zu putzen. Du sitzt einfach nur aufrecht da und tust körperlich (außer zu atmen) nichts mehr. Du widerstehst auch dem Im-

puls, aufzuspringen und schnell noch etwas zu erledigen, um dich dann endlich in Ruhe niederlassen zu können. Diesem körperlichen Nichtstun folgt das geistige. Das ist ein bisschen schwieriger.

Du tust geistig bewusst nichts, in dem du aufhörst, Pläne zu schmieden, Ideen zu entwickeln, mentale Diskussionen mit deinem Chef oder Partner zu führen oder geistig einkaufen zu gehen. Damit machst du wahrscheinlich genau das Gegenteil von dem, was du zu tun gewohnt bist. Selbst wenn du anscheinend nur ganz faul auf dem Sofa herumsitzt, ist dein Geist in Bewegung, und du holst in Gedanken schon die Kinder vom Training ab oder bereitest das Abendessen vor. Daher braucht der Geist auch etwas Zeit, um sich mit dem geistigen Nichtstun vertraut zu machen.

Vor allem aber braucht er deine Unterstützung, indem du dich ganz bewusst dafür entscheidest, für eine kurze Zeit still zu sitzen und die gesammelte Aufmerksamkeit auf den

Atem zu richten. Einen ersten Schritt in diese Richtung hast du letzte Woche schon getan, indem du dich mit dem Atem vertraut gemacht und geübt hast, mit deiner Aufmerksamkeit immer wieder zum Fühlen des Atems zurückzukehren. Und genau das werden wir jetzt weiter ausbauen. Nimm dir für die kommende Übung fünf Minuten Zeit. Du kannst mit der CD (Track 3) üben oder auch selbstständig. Wenn du ohne CD übst, stell dir besser einen Kurzzeitwecker, damit du nicht auf die Uhr sehen musst.

Meditation

Beim Atem bleiben

- Nimm deine bevorzugte Meditationshaltung ein. Sitz so stabil und geerdet wie ein Berg, in würdevoller, aufrechter Haltung, so wie du es schon von der Meditationsanweisung der letzten Woche kennst, und erlaube deinem Körper, zur Ruhe zu kommen.
- Richte deine Aufmerksamkeit auf die Stelle, an der du deinen Atem gut fühlen kannst, und verankere dort deine Aufmerksamkeit.
- Bleib ganz beim Fühlen deines Atems, Atemzug für Atemzug.
- Es wird nicht allzu lange dauern, bis Gedanken auftauchen und deine Aufmerksamkeit auf sich ziehen. Und jetzt beginnt die Übung:
- Bemerke, wenn du auf Gedanken anspringst und ihnen folgst, vielleicht anfängst zu grübeln, zu planen oder zu träumen. Vielleicht kommentierst du auch die Meditation, kontrollierst, ob du es richtig oder effektiv genug machst. Auch das sind Gedanken!
- In dem Moment, in dem du bemerkst, dass du den Gedanken folgst, entscheide dich bewusst, deine Aufmerksamkeit wieder auf das Fühlen deines Atems zu richten.

- Fühle den Atem, solange es geht, und sobald du bemerkst, dass du wieder deinen Gedanken nachhängst, komm erneut zum Fühlen deines Atems zurück.
- Übe dieses bewusste Zurückkommen zu deinem Atem insgesamt fünf Minuten, das ist alles. Dann löse die Meditationshaltung auf, recke und strecke dich und geh wieder in deinen Alltag.

Übungen für die 2. Woche

Achtsamkeitsmeditation:

Übe die Meditation »Beim Atem bleiben« täglich (mit oder ohne CD), wann immer es in deinen Tagesablauf passt. Übe dich außerdem einmal am Tag bewusst in Muße.

Übung im Alltag:

Richte während des Tages deine Aufmerksamkeit zwischendurch auf deinen Atem. Bemerke, wenn du dich von Gedanken gefangen nehmen oder antreiben lässt, und unterbrich diese Dynamik für einen kurzen Moment, indem du deine Aufmerksamkeit ganz entschieden zum Fühlen deines Atems lenkst und dazu einmal ganz tief ein- und ausatmest. Wende dich dann mit gesammelter Aufmerksamkeit bewusst dem zu, was du in diesem Moment zu tun hast. Diese kleine Aufmerksamkeitsübung schafft mehr Präsenz für deine geistigen Vorgänge und stärkt deine Fähigkeit, dein Gedankenkarussell willentlich zu unterbrechen und wieder ins Hier und Jetzt zu kommen.

3. WOCHE: **LASS DEINE GEDANKEN ZIEHEN**

In dieser Woche lernst du, mit deinen Gedanken bewusst umzugehen, statt dich von ihnen aus der Ruhe bringen zu lassen. Du lernst, sie als Trainingsobjekte zu benutzen, und befreist dich so von der Herrschaft deiner Gedanken und spontanen Handlungsimpulsen.

TRAININGSOBJEKT GEDANKEN

Nun bist du schon zwei Wochen dabei, hast dich mit dem Nichtstun vertraut gemacht und bereits fünf Minuten pro Tag meditiert. Vielleicht hast du gemerkt, dass die gedankliche Aktivität während der Meditation eine echte Herausforderung ist und sie es dir auch nicht besonders leicht macht, die Mußezeiten in Ruhe zu genießen. Möglich, dass du nun auch im Alltag häufiger mitbekommst, wie sehr du unter der Fuchtel deiner Gedanken stehst, und du dir manchmal wünschst, vollkommen gedankenfrei zu sein.

Mit Gedanken umgehen lernen

Bei der Achtsamkeitsmeditation geht es jedoch nicht darum, die Gedanken aus dem Oberstübchen zu verjagen oder sich innerlich abzuschotten. Zu unserer menschlichen geistigen Aktivität gehören Gedanken nun mal ganz natürlich dazu. An ihnen ist nichts verkehrt oder schlecht. Es hat uns nur keiner beigebracht, wie wir mit dieser Aktivität so umgehen, dass sie uns nicht schadet. In der westlichen Welt stehen Intellekt und das Anhäufen von Wissen im Vordergrund. In den östlichen Traditionen wird hingegen seit mehr als zweieinhalb Jahrtausenden die Meditation genutzt, um den Geist zu schulen und auszubilden. Dadurch kann der Übende auf weit mehr geistige Fähigkeiten zurückgreifen als Intellekt und Wissen – zum Beispiel mit Stress umzugehen oder Angst und Depression zu reduzieren.

Das Wesen der Gedanken

Wie du schon in den ersten beiden Kapiteln gesehen hast, haben Gedanken eine große, durch Gewohnheit entstandene Macht über uns. Wir lassen uns von Gedanken nicht nur ständig von wesentlichen Dingen ablenken oder hektisch vorantreiben, sondern schreiben den Fantasiewelten, die erst durch Gedanken entstehen, dieselbe Wirklichkeit zu wie der realen Welt. Da der menschliche Organismus nicht zwischen Fiktion und Wirklichkeit unterscheiden kann und zum Beispiel beim Gedanken an eine bevorstehende Präsentation mit Herzklopfen und Schweißausbruch reagiert, fällt es erst einmal schwer, Gedanken als flüchtige Phänomene zu sehen, die den Wirklichkeitsgehalt eines Traumes der letzten Nacht haben. Der Intellekt basiert auf gedanklicher Aktivität, sortiert, bewertet und entwirft geschickte Strategien sowie Lösungen für Probleme – auch für Probleme, die es vielleicht nie geben wird. Und auf jedes Szenario reagiert der Organismus, als wäre es wirklich: Du freust dich, wirst wütend, traurig oder fürchtest dich, je nach Gedankengang.

Traumgleiche Natur der Gedanken erkennen

In der Meditation geht es darum, die Gedanken als flüchtig, als traumgleich, als Bewegung des Geistes wahrzunehmen und nicht auf deren Inhalt anzuspringen. Das klappt aber nur, wenn du nicht versuchst, deine Gedanken zu unterdrücken oder wegzuscheuchen. Gedanken werden in der Meditation als Freunde der Meditierenden bezeichnet, da wir nur durch sie in der Lage sind, uns mit unserer geistigen Aktivität vertraut zu machen und Fertigkeiten wie Präsenz, Wachheit, Präzision, Klarheit, Weisheit, Geduld und Loslassen auszubilden. Kaum jemand kann innerlich komplett abschalten. Selbst wenn es dir gelingt, dich in der Meditation kurzfristig geistig abzuschotten, nützt dir das nichts, denn vor deinen

Gedanken kannst du nicht dauerhaft weglaufen. Du lernst auf diese Weise auch nicht, mit den zahlreichen Reizen dieser Welt umzugehen. Sobald du aus der Meditation wieder in den Alltag trittst, überwältigt dich der Ansturm von Bildern und Gedanken vollends. Wenn du jedoch in der Meditation übst, immer aufs Neue die unweigerlich vorhandenen Gedanken loszulassen und zum Empfinden deines Atems zurückzukehren, baust du meditative Stärke auf und kannst die oben genannten Fertigkeiten entwickeln. So wird es dir gelingen, mit den Herausforderungen des Lebens besser umzugehen. Dadurch entsteht eine wahrhaft profunde Entspannung, die nichts mit Entspannungsmethoden oder einer romantischen Meditations-Käseglocke zu tun hat. Du wirst über die Meditationspraxis geistig immer stärker werden und schwierige Lebenssituationen gelassener meistern.

Gelassenheit entwickeln

Das Wort »Gelassenheit« bezeichnet einen Zustand, in dem du etwas sein lässt und nicht mehr aufnimmst. In der Meditation übst du, die Gedanken einfach Gedanken sein zu lassen und nicht mehr auf sie anzuspringen. Du hast das schon ein bisschen in der letzten Woche trainiert, indem du immer wieder die Aufmerksamkeit auf den Atem gelenkt hast, sobald du bemerkt hast, dass du Gedanken hinterherhängst. Und genau das wird nun verstärkt deine Übung sein. Nimm dir diesmal zehn Minuten dafür Zeit, und wenn du magst, nutze für die Übung die Meditations-Anleitung auf der CD (Track 4). Wenn du ohne CD übst, stell dir wieder den Wecker.

Meditation

Übung in Gelassenheit

- Nimm deine bevorzugte Meditationshaltung ein. Sitze so stabil und geerdet wie ein Berg, in würdevoller, aufrechter Haltung, so wie du es bereits von der Meditationsanweisung der letzten Woche kennst, und erlaube deinem Körper, zur Ruhe zu kommen.
- Richte deine Aufmerksamkeit auf die Stelle, wo du deinen Atem gut fühlen kannst, und verankere dort wieder deine Aufmerksamkeit. Bleib ganz beim Fühlen deines Atems, Atemzug für Atemzug.
- Bemerke, wenn du auf Gedanken anspringst und ihnen folgst, wenn du anfängst nachzudenken, zu planen oder zu träumen. Sieh jeden dieser Gedanken als Übungsobjekt, als deine geistige Hantel an, mit der du deine Fähigkeit, loszulassen und präsent zu sein, stärkst.
- In dem Moment, in dem du bemerkst, dass du den Gedanken folgst, entscheide dich bewusst, deine Aufmerksamkeit wieder auf das Fühlen deines Atems zu richten.
- Bleibe fühlend bei deinem Atem, solange es geht, und sobald du bemerkst, dass du wieder deinen Gedanken nachhängst, komm erneut bewusst zu deinem Atem zurück.
- Alles darf sein, wie es ist. Schau dem Spiel deiner Gedanken zu, ohne auf sie einzusteigen. Gedanken dürfen kommen und gehen. Folge

ihnen nicht. Lass sie vorüberziehen wie Wolken am Himmel. Sie tauchen auf, bleiben einen Moment und vergehen wieder, wenn du nichts mit ihnen machst.

- Für diesen Moment gibt es nichts zu tun, nichts zu erreichen. Dies ist deine Zeit! Bleib einfach nur mit deinem Atem fühlend verbunden und erlaube dir, ihn zu genießen. Das ist alles.
- Wenn du bemerkst, dass du doch auf einen Gedanken angesprungen bist und dich irgendwo in Gedankenketten verloren hast, dann ist das kein Drama. Nimm einfach wieder Kontakt zum bewussten Fühlen deines Atems auf, und schon bist du wieder präsent.
- Wenn die 10 Minuten vorbei sind, löse die Meditationshaltung auf, recke und strecke dich und gehe zurück in deinen Alltag.

Übungen für die 3. Woche

Achtsamkeitsmeditation:

Übe die Gelassenheits-Meditation täglich für 10 Minuten (mit oder ohne CD), wie es in deinen Tagesablauf passt. Gib dir einmal pro Tag ganz bewusst Zeit für Muße.

Übung im Alltag:

Richte während des Tages gezielt deine Aufmerksamkeit immer wieder auf deinen Atem. Bemerke im Alltag, wenn du dich von Gedanken gefangen nehmen oder antreiben lässt. Unterbrich diese Dynamik und bring deine Aufmerksamkeit ganz bewusst zum Fühlen deines Atems.

4. WOCHE: **INTEGRIERE STÖRUNGEN**

Wenn du versuchst zu meditieren, gibt es immer etwas, das dich ablenken kann – schließlich leben wir nicht unter einer Käseglocke oder auf dem Mond. Damit du dich nicht mehr stören oder beeindrucken lässt, lernst du in dieser Woche, Ablenkungen, wie beispielsweise Geräusche, auf deinem meditativen Weg zu nutzen und zu integrieren.

VERWEILEN MIT DEM, WAS IST

Wunderbar! Du bist jetzt schon drei Wochen dabei und kannst bereits zehn Minuten meditieren. Keine Sorge, mit »können« meine ich jetzt nicht, dass du schon die ganze Zeit über voll und ganz bei deinem Atem bleibst. Vielmehr geht es darum, dass du es schaffst, dir regelmäßig diese zehn Minuten pro Tag zu gönnen, und dass es dir gelingt, während der Meditation zu registrieren, wenn du in Gedanken wegdriftest, und deine Aufmerksamkeit wieder zum Fühlen deines Atems zurückzubringen.

Mit inneren Störungen umgehen lernen

Wahrscheinlich hast du beobachten können, dass jede Meditation anders verläuft. Es gibt Tage, an denen es dir leichtfällt, präsent zu bleiben, andere, an denen du dich eher schläfrig und verträumt fühlst, und wieder andere, an denen du so unruhig bist, dass dein Geist einer wild gewordenen Affenhorde gleicht und es unmöglich erscheint, auch nur eine Sekunde beim Atem zu bleiben. Das ist normal. Übe dich in Gleichmut, indem du dich nicht davon beeindrucken oder erschrecken lässt, was auch immer geschieht. Übe einfach weiter. Hänge nicht an der Meditationserfahrung von gestern, und lehne die heutige Erfahrung nicht ab. Es ist, wie es ist. Punkt. Zurück zum Atem. In dem Moment, in dem du anfängst, deine aktuelle Erfahrung mit der von gestern zu vergleichen, sie zu kommentieren und zu bewerten, bist du schon in gedanklichen Prozessen. Prompt tauchen Gefühle wie Ärger oder Traurigkeit auf, und du bist gestresst, weil es nicht richtig läuft. Lass deine Vorstellung von der »richtigen« Meditation los. Entspanne dich in deinen Atem hinein, lass deine vor lauter Anstrengung hochgezogenen Schultern wieder nach unten sinken, und mach einfach weiter, so wie es heute eben gerade geht. Sitz auch nicht zur Strafe länger als die angesetzten zehn Minuten. Du würdest dich nur stärker verspannen, und dein Geist brächte noch mehr Gedanken und Störgefühle hervor. Ein aufgewühlter und enger Geist zeigt, dass dein Organismus zu viele Stresshormone in sich trägt. Stresshormone sind Gedankenbeschleuniger. Je gestresster du bist, umso schneller dreht sich alles im Kreis. Je schneller sich alles dreht, umso mehr Stresshormone schüttet der Organismus aus und umso mehr Gedanken purzeln durcheinander: Und schon bist du in der Stress-Spirale gefangen.

Die Kraft der Bewegung nutzen

Stresshormone sind biochemische Botenstoffe, die deinen Körper in Kampf- oder Fluchtbereitschaft versetzen und blitzschnell deine hierfür notwendigen Energiereserven mobilisieren. Dieser Mechanismus half den Menschen in grauer Vorzeit, vor Säbelzahntigern und Co. fliehen oder gegen sie kämpfen zu können, und war damit absolut notwendig, um zu überleben. Die beiden Reaktionen – angreifen und flüchten – kennt der Organismus noch heute, wenn er in Stress gerät, nur dass man in der Jetztzeit weder einfach weglaufen noch jemanden »umnieten« kann, sondern die ausgeschütteten Stresshormone anders abbauen muss. Eine gute Möglichkeit stellt, genau wie in früheren Zeiten, die Bewegung dar. Mit dem Absinken des Stresshormonspiegels beruhigt sich auch das in Gang gesetzte Gedankenkarussell. Solange du noch keine Meisterin/kein Meister der

Meditation bist und deine geistigen Muskeln noch nicht stark genug sind, um auch mit besonders schwierigen Geisteszuständen umzugehen, erleichtere dir die Praxis und nutze die heilsame Kraft der Bewegung. Wenn du also merkst, dass du sehr aufgewühlt bist, experimentiere ruhig mal damit, joggen, walken oder spazieren zu gehen und dich danach erst dem geistigen Training der Meditation zu widmen. Du brauchst dich nicht zu quälen – Meditation darf sich mühelos entfalten, in deinem Tempo und innerhalb deiner aktuellen Möglichkeiten.

Mit äußeren Störungen umgehen

Neben den inneren Störungen, wie kreisende Gedanken, Unruhe oder Schläfrigkeit, gibt es auch äußere Störungen, wie Alltagsgeräusche, die dir je nach Empfindlichkeit die Meditation erschweren können. Klar, du kannst dir etwas in die Ohren stopfen, doch nicht immer ist es möglich, Geräusche auszuschalten. Außerdem, je mehr du versuchst, Geräusche zu verhindern, umso störanfälliger wirst du, bis dich selbst das Vogelgezwitscher nervt oder das leise Ticken der Uhr. Irgend etwas ist immer los. Versuche also nicht, Störungen zu vermeiden, sondern nutze sie stattdessen als Übungsobjekt und mache sie, wie die Gedanken, zu deiner geistigen Meditations-Hantel. Solange du das Geräusch nicht haben willst und es als Störung einordnest, schaffst du damit ein imaginäres Feindbild, auf das dein Organismus mit Stresshormonen reagiert. Wie du schon weißt, kann er gar nicht anders, es ist sein Job! Denn sobald ein Feindbild auftaucht, muss es sein von der Natur eingebautes Rettungsprogramm starten und dich in Bruchteilen von Sekunden in Kampf- oder Flucht-Bereitschaft versetzen. Und dazu gehören Ärger, Angst, Nervosität plus die körperlichen Reaktionen wie Herzklopfen oder angespannte Muskeln. Du hast bereits

vorangehend gelesen, was dann passiert: Es wird alles schlimmer! Der Trick, um diese Reaktionsweise auszuhebeln: statt es zu bekämpfen, lade das Geräusch ein, da zu sein, integriere und nutze es. Wo kein Feindbild ist, da braucht der Körper auch nicht mit dem Verteidigungsmodus zu reagieren. Auf diese Weise entspannt sich die Lage gewaltig, ohne dass du groß etwas getan hast. Du hast lediglich deine Haltung der Situation gegenüber verändert. Wo es keinen Feind gibt, da gibt es auch keinen Stress, übrig bleibt nur das Geräusch an sich. Und damit das nicht so theoretisch ist, experimentiere nun damit. Nimm dir 10 Minuten Zeit für die Übung – wenn du magst, nutze die CD (Track 5). Übe dann aber ohne Kopfhörer, damit du direkt mit vorhandenen Alltagsgeräuschen arbeiten kannst.

Meditation

Meditation mit Geräuschen

- Nimm deine bevorzugte Meditationshaltung ein. Sitze so stabil und geerdet wie ein Berg, in würdevoller, aufrechter Haltung, so wie du es schon von den anderen Meditationen her kennst, und erlaube deinem Körper, zur Ruhe zu kommen.
- Richte deine Aufmerksamkeit auf die Stelle, an der du deinen Atem gut fühlen kannst, und verankere dort deine Aufmerksamkeit.
- Bleibe ganz beim Fühlen deines Atems, Atemzug für Atemzug.
- Bemerke, wenn dein Geist in Gedanken abschweift, und bring deine Aufmerksamkeit dann sofort wieder zurück zum Fühlen deines Atems. Erlaube deinem Geist, auf diese Weise natürlich zur Ruhe zu kommen.
- Dann lass den Atem etwas in den Hintergrund deiner Aufmerksamkeit treten und richte diese ganz bewusst auf Geräusche, die jetzt gerade auftauchen. Ohne dich dabei groß anzustrengen, nimm einfach wahr, was du gerade hören kannst.
- Bemerke, ob du dem Geräusch einen Namen gibst, beispielsweise: Straßenbahn, Auto, Heizungsrauschen, Schritte im Treppenhaus, Amsel-Gezeter, Hundegebell ... Vielleicht kannst du dabei auch beobachten, wie mit dem Namen sofort ein Bild oder Szenario auftaucht, das wiederum in dir Gefühle von Abneigung, Beunruhigung, Zuneigung oder Entspannung auslöst. Beobachte dies.
- Dann schau, was passiert, wenn du nur das Geräusch an sich wahrnimmst, das als Tonabfolge auf dein Trommelfell trifft. Was passiert, wenn du es nicht betitelst, sondern nur das Geräusch an sich registrierst? Wenn du Moment für Moment lediglich die neue Tonqualität der an- und wieder absteigenden Lautstärke oder auch der Stille zwischen den Geräuschen wahrnimmst?

- Wenn du bemerkst, dass du bereits im Geiste dein Zimmer verlassen hast, in deiner Vorstellung der Straßenbahn hinterherschaust und vielleicht anfängst, darüber nachzudenken, ob es sinnvoll ist, noch so alte und damit auch laute Straßenbahnwaggons einzusetzen, bring deine Aufmerksamkeit wieder bewusst zurück in dein Zimmer. Bring sie zurück zu deinem Körper, zurück zu deinen Ohren.
- Beginne wieder zu registrieren, was du jetzt in diesem Moment aus dieser Position hören kannst, ohne das aktuelle Geräusch zu betiteln oder ihm zu folgen. Bleib ganz bei dir und dem Geräusch an sich. Nimm auch die Stille zwischen den Geräuschen wahr.
- Lass zum Abschluss der Übung die Geräusche wieder in den Hintergrund deiner Aufmerksamkeit treten und konzentriere dich bewusst auf das Fühlen deines Atems.
- Dann beende die Meditation, strecke dich, und bewahre dir deine meditative Präsenz, solange es dir möglich ist.

Geräuschen die Bilder entziehen

Wie erging es dir in der Meditation? Vielleicht hast du beobachtet, dass in dem Moment, in dem du dem Geräusch den Namen entziehst, sich auch kein Bild oder Szenario mehr zeigt und sich somit auch keine innere Reaktion von Mehr-davon-haben-Wollen oder Nicht-haben-Wollen entwickelt (siehe auch Seite 51). Selbstverständlich gibt es auch Geräusche, die so laut und schmerzhaft sind, dass ein Schutz notwendig ist, um keinen Gehörschaden zu bekommen. Bei normalen Alltagsgeräuschen ist das aber in der Regel nicht der Fall. Hier reagieren wir auf das Bild, das zu dem Geräusch entsteht, auf das, was wir damit verbinden. Vogelgezwitscher beispielsweise ist für die meisten Menschen positiv belegt. Wir sehen niedliche Spatzen oder Meisen vor uns, die munter durcheinanderfliegen, und denken dabei an Unbeschwertheit und Freude. Wenn uns bewusst wäre, dass dieses Gezwitscher übersetzt so etwas heißt wie »Hau ab! Mein Revier! Mein Weibchen!« und Ausdruck heftigster akustischer Revierkämpfe ist, wären wir eher gestresst davon. Nimm nun beide Bilder zum Gezwitscher raus, und es bleibt ein Geräusch, auf das unser Organismus neutral reagiert. Ob du es glaubst oder nicht – das funktioniert sogar mit so durchdringenden Geräuschen wie von Presslufthammer, Bagger und Kreissäge! Schwieriger wird es mit Gesprächen. Es erfordert sehr viel Übung, nicht auf den Inhalt zu achten und die sich unterhaltenden Stimmen nur noch als Geräusche wahrzunehmen. Doch mit Übung und ausreichend ausgebildeter Konzentrationsfähigkeit klappt schließlich auch das.

Übungen für die 4. Woche

Achtsamkeitsmeditation:

Übe die Meditation mit Geräuschen täglich (mit oder ohne CD), wann immer es in deinen Tagesablauf passt. Halte deine Übung in Muße bei.

Übung im Alltag:

Richte während des Tages bewusst deine Aufmerksamkeit immer wieder auf deinen Atem. Bemerke im Alltag, wenn du dich von Geräuschen gefangen nehmen lässt. Entziehe dann dem Geräusch die Bezeichnung und das Bild und schau, was passiert. Sollte dir das einmal nicht gelingen, unterbrich den daraufhin entstehenden gedanklichen Aufschaukelungsprozess, in dem du deine Aufmerksamkeit ganz bewusst auf das Fühlen deines Atems richtest.

5. WOCHE: **AKZEPTIERE, WAS IST**

In dieser Woche lernst du, mit unangenehmen Körperempfindungen auf eine sanfte, annehmende und fürsorgliche Art umzugehen, sodass du auch körperlich herausfordernde Situationen sowohl in der Meditation als auch im Alltag viel besser meistern kannst.

SCHMERZEN SANFT BEGEGNEN

Nun bist du schon vier Wochen dabei, die Hälfte des Programms hast du somit geschafft. Deine neurologischen Verschaltungen sind bereits stabiler geworden (tägliche Übung vorausgesetzt), und sehr wahrscheinlich bemerkst du auch, dass es dir wesentlich leichterfällt, präsent zu bleiben, deine Aufmerksamkeit zu sammeln und den Kontakt zum Atem zu halten. Während du meditierst, stellst du vielleicht öfter fest, dass dein Sitz irgendwann unbequem wird. Möglicherweise schlafen deine Füße und Beine ein, tut dein Rücken weh oder verspannen sich deine Schultern. Auch wenn du es dir so bequem wie möglich machst, gehört dies zu den Störungen, mit denen die meisten Meditierenden früher oder später konfrontiert werden.

Schmerzen als Übungsfeld

Mach es wie letzte Woche mit den Geräuschen: Nutze die unangenehmen Körperempfindungen als Übungsfeld. Du wirst immer mal wieder irgendeine Unannehmlichkeit erleben, sei es in Form von Kopf-, Rücken, Zahn- oder Unterleibschmerzen, Erkältungen, Infekten, kleinen Verletzungen oder gar von chronischen Schmerzen oder Erkrankungen. Jeder Mensch erlebt solche Zustände in unterschiedlicher Intensität, doch keiner bekommt wirklich beigebracht, wie er damit umgehen kann. Klar, Schmerztabletten helfen meistens, doch was kannst du noch tun (oder lassen)?

Dramatisieren schafft Stress

Vielleicht hast du schon davon gehört, dass Achtsamkeitsmeditation in der Schmerzbehandlung eingesetzt wird oder auch bei chronischen Erkrankungen. Dabei hat die Übung der Meditation nicht das Ziel, den Schmerz auszuschalten oder die Krankheit zu heilen, sondern zu einer gelasseneren inneren Haltung der aktuellen Situation gegenüber zu finden. Wenn wir etwas Unangenehmes partout nicht wollen, passiert es leicht, dass wir ein inneres Drama inszenieren und in die Stress-Spirale geraten. Wenn du zum Beispiel in der Meditation sitzt und dein Rücken fängt an wehzutun, könnte sich in deinem Kopf Folgendes abspielen: »Oje, tut das weh! Warum passiert das immer mir! Hätte ich doch gestern bloß den Wasserkasten stehen lassen, aber nein, ich musste ihn ja unbedingt selbst hochschleppen. Das ist meine gerechte Strafe. Ich bin so ein Idiot! Die Schmerztablette wirkt immer noch nicht. Ich habe bestimmt einen Bandscheibenvorfall! Oh nein, dann kann ich meinen Job vergessen. Und wovon soll ich dann leben? Harz IV? Nein, ich will das jetzt alles nicht! Warum war ich nur so blöd! Aua! Aua! Aua! «

An der inneren Einstellung arbeiten

Sobald wir unsere abwehrende Einstellung der unangenehmen Situation gegenüber ändern, muss der Organismus, wie im vorangegangenen Kapitel erläutert, viel weniger Stresshormone ausschütten, denn das Feindbild »Schmerz« existiert nicht mehr. Dadurch kann sich der Körper endlich entspannen, und Schmerzen werden subjektiv als weniger schlimm empfunden. Auch das Immunsystem kann so wieder intensiver arbeiten, und die Selbstheilungskräfte werden angeregt. Bei manchen Menschen kann das sogar zu einer echten Verbesserung des Gesundheitszustands führen. Doch auch wenn du keine Erkrankung oder starken Schmerzen hast, kann die Meditation mit unangenehmen Körperempfindungen dir helfen, mit den Widrigkeiten des Alltags gelassener umzugehen. Wir leiden immer nur an der Diskrepanz zwischen Wunsch und Wirklichkeit. Hören wir auf, uns an unsere Vorstellungen zu klammern, und akzeptieren wir stattdessen, was gerade ist, gibt es keine Stress-Spirale mehr. Kurz gesagt: Kein Drama – kein Leid (siehe Seite 51). Ähnlich wie du es in der vergangenen Woche mit den Geräuschen geübt hast, verfährst du nun auch mit den körperlichen Erscheinungen. Nimm dir wieder 10 Minuten Zeit und übe mit oder ohne CD (Track 6).

Merkkasten

Anerkennen, was ist

Akzeptanz bedeutet, die Dinge so stehen zu lassen, wie sie sind. Unbewertet und ohne Kommentar. Es bedeutet NICHT, dass du sie gut finden musst oder damit einverstanden bist. Es geht nur darum, sie anzunehmen, wie sie sich momentan darstellen.

Meditation

Meditation mit Körperempfindungen

- Nimm deine bevorzugte Meditationshaltung ein. Sitze so stabil und geerdet wie ein Berg, in würdevoller, aufrechter Haltung, und erlaube deinem Körper, zur Ruhe zu kommen.
- Richte deine Aufmerksamkeit auf deinen Atem und bleibe dann ganz dabei, ihn zu fühlen. Atemzug für Atemzug.
- Bemerke, wenn dein Geist in Gedanken abschweift, und bring deine Aufmerksamkeit sofort wieder zurück zum Fühlen deines Atems. Erlaube deinem Geist, auf diese Weise natürlich zur Ruhe zu kommen.
- Dann lass den Atem etwas in den Hintergrund treten und richte deine Aufmerksamkeit ganz bewusst auf unangenehme körperliche Empfindungen, wie beispielsweise Anspannung der Muskulatur, Schmerzen in den Knien, im Rücken, im Bauch oder Kopf. Vielleicht juckt auch etwas, oder dein Fuß schläft ein. Entscheide dich bewusst, diese körperliche Empfindung für deine Übung zu nutzen.
- Erlaube der unangenehmen Empfindung, verweilen zu dürfen, und beginne mit ihr zu atmen, jedoch ohne den Anspruch, sie wegatmen zu wollen. Lass sie da sein und atme natürlich ein und aus.
- Bemerke, wenn du anfängst, das Körpergefühl zu kommentieren oder gar zu dramatisieren. Beobachte, was passiert, wenn du die Dramagedanken sofort unterbrichst und deine Aufmerksamkeit auf deinen Atem richtest. Immer und immer wieder.
- Wenn du die Übung variieren möchtest, richte deine Aufmerksamkeit bewusst auf die körperliche Empfindung und beginne fühlend zu erforschen: Wo genau kannst du sie in deinem Körper spüren, bewegt sie sich, pulsiert, kribbelt oder pikt es? Bleibe im fühlenden Beobachten. Bemerke, wenn du anfängst, das, was du wahrnimmst, zu

kommentieren oder zu dramatisieren, und bring dich dann entweder zu deinem Atem oder direkt zum Fühlen der Körperempfindung zurück.

- Wenn du bemerkst, dass deine Aufmerksamkeit abschweift und du das Interesse an der Körperempfindung verlierst, richte deine Aufmerksamkeit bewusst wieder auf deinen Atem.
- Dann beende die Meditation, löse die Meditationshaltung auf und bewahre dir diese achtsame Haltung für den Alltag solange es geht.

Übungen für die 5. Woche

Achtsamkeitsmeditation:

Übe die Meditation mit Körperempfindungen täglich (mit oder ohne CD), wann immer es in deinen Tagesablauf passt. Behalte weiterhin deine Übung in Muße bei.

Übung im Alltag:

Richte während des Tages bewusst deine Aufmerksamkeit zwischendurch auf deinen Atem. Bemerke im Alltag, wenn du dich von Körperempfindungen oder Situationen, die nicht deiner Vorstellung entsprechen, zum Dramatisieren hinreißen lässt. Unterbrich den Aufschaukelungsprozess, indem du deine Aufmerksamkeit ganz bewusst auf das Fühlen deines Atems richtest und dann deine Aufmerksamkeit entschieden der Tätigkeit zuwendest, die jetzt in diesem Moment gerade ansteht. Schenke Missständen nicht mehr Aufmerksamkeit, als unbedingt nötig. Bemerke sie, doch steige nicht auf sie ein.

6. WOCHE: **NIMM DEINE GEFÜHLE AN**

Gefühle können einem ganz schön zu schaffen machen. Die Bandbreite unserer Gefühlswelt reicht von himmelhoch jauchzend bis zu Tode betrübt. In diesem Kapitel lernst du, wie Meditation dir helfen kann, auf entspanntere Weise mit deinen Gefühlen umzugehen, ohne dass sie dir oder jemand anderem schaden.

ÜBUNGSFELD GEFÜHLE

Eine weitere Herausforderung, der du in der Meditation wie im Alltag begegnest, sind »Negativ«-Gefühle, auch Störgefühle genannt. Ärger, Wut, Angst, Sorge, Hass, Verzweiflung, Traurigkeit, Eifersucht, Neid und Selbstmitleid sind typische Beispiele. Solche Gefühle bringen dich aus der Ruhe und können dir und den Menschen in deinem Umfeld das Leben manchmal ganz schön schwer machen.

Mit schwierigen Gefühlen umgehen lernen

Gefühlsregungen werden in der Meditation weder dramatisiert noch bekämpft, sondern genau wie Gedanken als flüchtig auftauchende und wieder vergehende Phänomene des Geistes betrachtet. Sie dienen als Zeichen dafür, ob du dich gerade wieder gegen eine aktuelle Situation wehrst oder dich in etwas hineinsteigerst, nach dem du dich sehnst.
Wut oder Ärger empfindest du zum Beispiel immer dann, wenn etwas nicht deiner Vorstellung entsprechend verläuft oder deine Grenze verletzt wurde. Angst und Sorge entstehen, wenn etwas bedrohlich erscheint, und Traurigkeit fühlst du, wenn du an etwas festhältst, das dein Leben bereits verlassen hat und du das noch nicht akzeptieren willst. Im Endeffekt kommst du immer auf zwei Reaktionsweisen zurück: Du willst etwas unbedingt oder lehnst es vollkommen ab. Aus diesen beiden Kräften – Begehren (auch Anhaftung genannt) und Ablehnung – entstehen alle emotionalen Zustände, unter denen jeder Mensch leidet.

Meditation als (Aus)Weg

Vielleicht kennst du diese Sprüche von früher: »Sei nicht neidisch!« … »Sei nicht traurig!« … »Sei nicht wütend!« … »Sei nicht so emotional!«… Doch keiner hat uns gezeigt, wie das geht. Manche haben sich daraufhin angewöhnt, ihre Gefühle hinunterzuschlucken, mit der Konsequenz, dass sie sich anderen gegenüber nicht mehr öffnen können, sich einsam und unverstanden fühlen sowie kühl und emotionslos wirken. Mit der Zeit können die »Hinunterschlucker« ein Magengeschwür bekommen oder schlichtweg implodieren und depressiv werden. Andere dagegen agieren ihre Gefühle hemmungslos aus, werden laut oder sogar gewalttätig, in der Hoffnung, dass der Druck nachlässt und das Gefühl verschwindet. Doch nach einem kurzen Moment der Erleichterung stehen die rücksichtslosen »Ausagierer« erschrocken vor dem, was sie angerichtet haben, und alles wird noch schlimmer. Statt ruhiger zu werden, fahren sie nur immer schneller aus der Haut. Beide zeigen offensichtlich keinen heilsamen Umgang mit Gefühlen. Mithilfe von regelmäßiger Meditation können wir jedoch unsere über Jahre hinweg erlernte Art, mit unangenehmen Gefühlen umzugehen, verändern. Denn auch unsere üblichen Reaktionsmuster (verdrängen oder ausagieren) sind nichts anderes als neuronale Verschaltungen im Gehirn, die wir aufgrund jahrelanger Wiederholung aufgebaut haben. Und was sich aufbauen lässt, das lässt sich auch wieder abbauen und neu verschalten, indem wir in der Meditation immer wieder üben, alle Gefühle anzunehmen, wie sie sind.

Das Wesen der Gefühle

Mit etwas Achtsamkeit kannst du beobachten, dass Gefühle nicht einfach so vom Himmel fallen, sondern dass sie meist eine Mischung aus körperlichen und geistigen Prozessen sind. Beobachte, was gleichzeitig im Geist passiert, während du Herzklopfen vor Angst bekommst oder wenn dir ganz heiß vor Wut wird. Welche Gedanken, Bilder, Zukunftsszenarien oder Erinnerungen gehören zu Angst, Wut, Hass, Eifersucht oder Traurigkeit? Ein Gefühl hat Wellencharakter. Die Gefühlswelle steigt auf und fließt wieder auseinander. Immer aufs Neue. Gefühle sind, wie Gedanken, nichts anderes als die natürlichen Bewegungen deines Geistes. So wie Wasser ist auch unser Geist immer in Bewegung. Je nachdem, was in unserem Inneren los ist, tauchen große oder kleine Wellen auf. Das ist alles. Gefühle wie Wut, Angst, Scham oder Eifersucht werden durch die Ausschüttung von Stresshormonen stimuliert und gehen wieder vorbei, wenn du sie nicht mit Katastrophenvorstellungen fütterst.

Nutze also bewusst deinen Atem, wie du es bereits aus den anderen Meditationen her kennst, und hör auf, deine schwierigen Gefühle mit Dramatisierungen und Selbstgesprächen zu nähren. Statt dir innerlich zu erzählen: »Wie konnte ich nur so blöd sein, ich werde gleich verrückt vor Wut!«, sag: »Wut steigt in mir auf und zieht durch mich hindurch.« Oder statt: »Dass mein Freund mich verlassen hat, überwinde ich niemals!«, sag: »Trauer zieht durch meinen Körper.« Auf diese Weise löst du deine persönliche Betroffenheit, deine Identifikation mit den Gefühlen auf

und sie können vorbeigehen. Probiere das gleich die nächsten acht Minuten in der Meditation aus, für die du die CD (Track 7) nutzen kannst.

Meditation

Meditation mit Gefühlen

- Nimm deine bevorzugte Meditationshaltung ein. Sitze in würdevoller, aufrechter Haltung und erlaube dir, zur Ruhe zu kommen. Lass deine Aufmerksamkeit ganz sanft auf deinem Atem ruhen.
- Bemerke, wenn deine Aufmerksamkeit abschweift, und bring dich sofort wieder zurück zum Fühlen deines Atems.
- Dann lass den Atem etwas in den Hintergrund treten und richte deine Aufmerksamkeit nun ganz bewusst auf auftauchende, dir unangenehme Gefühle.
- Was kannst du gerade wahrnehmen? Wut? Angst? Trauer? Zorn? Hilflosigkeit? Eifersucht? Was für körperliche Empfindungen gehen damit einher? Grummelt es in deinem Bauch, sind deine Schultern hochgezogen, sind deine Muskeln angespannt, oder ist dein Kiefer verkrampft? Bemerke, welche Gedanken, Bilder oder Szenarien mit den Gefühlen verbunden sind.
- Erlaube dem Gefühl, da sein zu dürfen, auch wenn es unangenehm ist, und atme mit ihm. Öffne dich innerlich ganz weit wie der Himmel und lass das Gefühl durch dich hindurchziehen. Lass es sich in dir bewegen, fühle es, lass es fließen und atme dabei natürlich ein und aus.
- Bemerke, wenn du anfängst, das Gefühl zu kommentieren, zu jammern, zu dramatisieren oder dich in Geschichten zu verlieren, die mit dem Gefühl verbunden sind. Unterbrich diesen Prozess sofort und

bring deine Aufmerksamkeit erneut zurück zu deinem Atem, mach dich innerlich wieder weit und atme mit dem Gefühl.

- Beobachte, was passiert, wenn du dem Gefühl den Gedanken, der das Gefühl ausgelöst hat, entziehst.
- Wenn du bemerkst, dass deine Aufmerksamkeit abschweift, weil das Gefühl seine Intensität und Wichtigkeit für dich verliert, bring deine Aufmerksamkeit wieder zurück zum Atem.
- Dann beende die Meditation. Löse die Meditationshaltung auf und bewahre dir deine achtsame Offenheit für den Alltag, solange es geht.

Übungen für die 6. Woche

Achtsamkeitsmeditation:

Übe die Meditation mit Gefühlen täglich (mit oder ohne CD), wann es zeitlich passt. Wenn dich gerade emotional nichts belastet, krame ruhig zu Übungszwecken in deinen Erinnerungen und experimentiere damit. Such dir anfangs jedoch etwas Leichtes aus, und steigere den Schwierigkeitsgrad mit wachsender Übung. Halte weiterhin deine Übung in Muße bei.

Übung im Alltag:

Richte tagsüber bewusst deine Aufmerksamkeit immer wieder auf den Atem. Bemerke, wenn Störgefühle auftauchen. Übe dich dann darin, innerlich weit zu werden und sie durch dich hindurchfließen zu lassen. Dramatisiere die Gefühle nicht, sondern komm mit deiner Aufmerksamkeit entschieden auf das Fühlen des Atems zurück, und wende dich daraufhin ganz bewusst der Tätigkeit zu, die du jetzt gerade auszuführen hast.

7. WOCHE:
LIEBE DICH SELBST

In dieser Woche lernst du, wie du über Meditation liebevoller mit dir und deinem Umfeld umgehen kannst, sodass du schwierigen und vielleicht sogar verfahrenen Situationen gelassener begegnest. Sogar Streitsituationen wirst du schließlich mithilfe von Mitgefühl und freundlich-interessierter Zuwendung stressfreier meistern.

MITGEFÜHL ENTWICKELN

Du hast jetzt bereits sechs Wochen geübt und schon ein beachtliches Potenzial an Möglichkeiten entwickelt, Herausforderungen mit Meditation zu begegnen. Durch das Einbeziehen der Alltagssituationen sowie deiner Körperempfindungen, Gedanken und Gefühle entwickelst du eine in jeder Situation anwendbare Gebrauchsachtsamkeit, die dich langfristig davor schützt, übermäßig in Stress zu geraten.

Der meditative Weg zu Liebe und Mitgefühl

Ein weiteres meditatives Werkzeug, um zu mehr innerer Ruhe und Gelassenheit zu kommen, ist die Metta-Meditation – eine sehr alte Übungsform, mit der du eine mitfühlende, fürsorgliche innere Haltung dir selbst und anderen gegenüber entwickeln kannst.

Wer durch regelmäßige Metta-Meditation von liebender Güte und Mitgefühl erfüllt ist, gerät nicht in Stress, wie die aktuelle Hirnforschung bereits nachgewiesen hat. Denn bei Geübten werden angesichts von Streit und Geschrei vermehrt Bereiche im Gehirn stimuliert, in denen Anteilnahme, Aufmerksamkeit, Fürsorglichkeit und Mitgefühl beheimatet sind. Sie sind also fähig, Konflikte leichter zu klären, beziehungsweise sie gar nicht mehr im gewohnten Maß aufzubauen. Beginne mit der Übung erst einmal bei dir selbst. Denn wenn du deine Beziehung zu dir selbst liebevoll und mitfühlend gestalten kannst, dann wird es dir wesentlich leichterfallen, mit anderen liebevoll umzugehen, was auch immer sie für Macken zeigen.

Merkkasten

Begriffsklärung

- Mit Liebe ist hier keine bedürftige (anhaftende) oder geschlechtliche Liebe gemeint. Es geht um die frei fließende, anteilnehmende Verbindung zu allen Lebewesen, ob Tier, ob Mensch, von Herz zu Herz. Diese ist mit dem tiefen Wunsch verknüpft, dass man selbst und das Gegenüber glücklich und frei von Leid und seinen Ursachen sein möge.
- Mitgefühl ist nicht zu verwechseln mit Mitleid. Mitgefühl ist immer mit Weisheit verbunden – dem Wissen, warum Leid entsteht (durch Begehren und Ablehnung). Mitgefühl entwickelt sich, wenn du dich durch deine Lebenserfahrung oder Vorstellungskraft in die Empfindungen des anderen einfühlen und gleichzeitig genug emotionalen Abstand sowie Klarheit und Überblick wahren kannst. Sobald du diesen Abstand nicht hast und leidest, als wäre es dein eigener emotionaler Schmerz, empfindest du Mitleid.

Die Ursachen des Leidens ausschalten

Durch Liebe und Mitgefühl hörst du auf, wegzulaufen oder alles zu bekämpfen, wenn es unangenehm wird. Stattdessen übst du dich darin, die Situation anzunehmen. Du entwickelst innerliche Fürsorge und Großzügigkeit und verlierst deine Scheu, mit unangenehmen problematischen Situationen in Kontakt zu kommen. Während du vielleicht bisher hilflos danebengestanden hast, wenn sich jemand in deinem Umfeld richtig mies gefühlt hat, kannst du jetzt mit der Metta-Meditation arbeiten und lernen, offen, zugewandt und handlungsfähig zu bleiben, statt dich von deiner eigenen Hilflosigkeit und deinem Mitleid überrollen zu lassen.

Die Übung der Metta-Meditation

In der Metta-Meditation wird einerseits mit der eigenen Vorstellungskraft gearbeitet und andererseits mit der Formulierung von guten Wünschen. Da du durch die vorangegangenen Meditationen schon recht gut darin geübt bist, deine Aufmerksamkeit zu halten, und dich auch mit unangenehmen Empfindungen, Gedanken und Gefühlen vertraut gemacht hast, wird dir die Übung sicher leichtfallen. Wenn du eh ein visueller Mensch bist, dann gelingt dir die Metta-Meditation vielleicht sogar besser als die vorangegangenen Achtsamkeitsmeditationen.

Über die Wünsche

Die Wünsche sind weder »Bestellungen beim Universum« noch sind sie Affirmationen (positiv formulierte Glaubenssätze). Sie sind vielmehr mit einem Türöffner oder einer Wegbeschreibung zu vergleichen. Vielleicht hast du schon einmal folgende Erfahrung gemacht: Wenn du gerade total traurig bist, verschwindet die Vorstellung, jemals wieder glücklich zu sein, vollkommen. Auch die Vorstellung, wieder Frieden fühlen zu können, verliert sich erst einmal völlig hinter der Wut, wenn du so richtig aufgebracht bist. Das ist Stress pur, da nützt auch kein gutes Zureden. Um wieder Licht am Ende des Tunnels zu erkennen, hilft es dir, Frieden, Glück, Geduld – oder was auch immer du brauchst – über einen Wunsch als »Fernziel« am Horizont auftauchen zu lassen. »Möge ich wieder glücklich sein«, kann so ein formulierter Wunsch sein. Es heißt nicht: »Ich bin glücklich« – das wäre eine Affirmation. Diese wird häufig vom Unterbewusstsein mit Widerstand beantwortet, was dazu führt, dass du dich noch gestresster fühlst. Du bist nun mal gerade nicht glücklich. Doch durch die Wünsche öffnest du dich zumindest für die Möglichkeit, irgendwann wieder Glück zu empfinden und lachen zu können. Und so kannst du dir alles wünschen, wie

»Möge ich schnell wieder glücklich sein«, »Mögen sich bald stimmige Lösungen entwickeln«… Du brauchst noch nicht einmal zu wissen, wie das gehen soll. Du formulierst einfach nur Wünsche und lässt somit die Chance zu, dass es sich so entwickelt – das ist das Entscheidende bei dieser Meditationsform. Damit verschwindet das Brett vorm Kopf, die Tür geht wieder auf, und du öffnest dich für die Möglichkeiten des Lebens. Schon dadurch kann sich deine Stimmung verbessern, denn es fällt dir nun wesentlich leichter, wieder das Positive in deinem Leben zu sehen und sogar auf den Scherz deiner Kollegin einzugehen, was mit einem verschlossenen Geist kaum möglich wäre. Nimm dir nun also 6 Minuten Zeit und übe mit oder ohne CD (Track 8).

Meditation

Die Metta-Meditation

- Nimm zuerst wieder deine bevorzugte Meditationshaltung ein und erlaube deinem Körper und Geist, zur Ruhe zu kommen und sich so gut es geht zu entspannen.
- Lass deine Aufmerksamkeit ganz sanft auf deinem Atem ruhen, und immer wenn du bemerkst, dass deine Aufmerksamkeit abschweift, bring dich sofort wieder zurück zum Fühlen deines Atems.
- Im zweiten Step denke nun konkret an etwas, das dir im Augenblick Schwierigkeiten bereitet. Worüber hast du dich beispielsweise heute geärgert? Was bereitet dir Kummer? Wovor hast du gerade Angst? Welche Sorgen hast du? Was stört dich an dir? Tut dir irgendetwas weh?
- Nimm diese Gefühle an, wie sie sich zeigen, lass sie verweilen, ohne sie zu dramatisieren oder zu verdrängen. Bleib bei dir und erlaube dir, deine Trauer, deinen Schmerz oder was auch immer dich gerade leiden lässt zu fühlen.
- Nun formuliere Sätze, in denen du dir alles nur erdenklich Gute wünschst, beispielsweise: »Mögen sich spontane Lösungen ergeben.« »Möge ich all das erhalten, was ich jetzt brauche.« »Möge ich tiefe Freude und Glück erfahren.« »Mögen meine Schmerzen sich auflösen.« »Möge ich Geduld entwickeln.« Formuliere ruhig eigene, für dich passende Wünsche und sprich sie mit aller dir möglichen Freundlichkeit und Wärme an dich gerichtet innerlich aus.
- Wenn dir nichts mehr einfällt, was du dir wünschen möchtest, oder du die Meditation beenden willst, sitze einfach noch für ein paar Atemzüge in Stille, im Kontakt mit deinem Atem. Nimmt dann einen tiefen Atemzug, strecke dich und steh langsam und behutsam auf. Bewahre dir das warmherzige Gefühl im Alltag, solange es geht.

Gib der Meditation etwas Zeit, auch wenn du vielleicht erst einmal Schwierigkeiten damit hast. Sieh diese Form der Übung als Erweiterung deines meditativen Spektrums und Werkzeugkastens an, sodass du die verschiedenen Meditationen flexibel einsetzen kannst, je nachdem, was du gerade brauchst. Nachdem du erst einmal mit dir selbst geübt hast, dein Leid anzunehmen und damit ohne Drama zu verweilen, kannst du das gleiche Prozedere auch mit anderen Personen ausprobieren. Vielleicht fällt es dir sogar um einiges leichter, mit dem Schmerz eines anderen mitfühlend zu sein als mit deinem eigenen, und du kommst erst durch diesen Umweg an dein eigenes Leid heran.

Meditation

Metta-Meditation für andere

- Nimm wieder deine Meditationshaltung ein und lass deine Aufmerksamkeit auf deinem Atem ruhen, wie gerade beschrieben.
- Dann stell dir eine Person vor, die aktuell Schwierigkeiten hat. Das kann eine geliebte Person sein, eine weniger nahestehende oder auch eine, die du nur aus der Zeitung kennst.
- Versetze dich dabei in die Person hinein und erspüre so, was sie wohl fühlen und brauchen mag. Dieses Hineinspüren gelingt ganz gut, wenn du dir die Person vor deinem geistigen Auge vorstellst und schaust, wie sie guckt, welche Mimik oder Körperhaltung sie hat. Stell dir vor, du würdest diese verkrampfte oder nach vorne gebeugte, vielleicht leicht abgewendete Körperhaltung haben oder diese nach unten gebogenen Mundwinkel. Wärst du dann eher ärgerlich oder traurig oder vielleicht sogar ängstlich? Dieses Sich-Hineinver-

setzen in andere lässt dich die stimmige Formulierung wählen, und so richte deine Metta-Sätze mit allem Wohlwollen und aller Liebe in dir an dein imaginäres Gegenüber: »Mögest du wieder in Frieden leben können.« Oder: »Mögest du glücklich sein.« Oder: …

- Du kannst auch versuchen, einer Person, mit der du aktuell Schwierigkeiten und Streit hast, heilsame Wünsche zu schicken. Indem du dich in sie wie eben beschrieben hineinversetzt, weicht die verhärtete Front von »Ich bin im Recht!« meistens auf, wird dein Verständnis geweckt, und Versöhnung kann wieder möglich werden.
- Widme dich erst mit wachsender Übung schwierigeren Problemen und Personen. Experimentiere ruhig ein bisschen damit. Und sollte es für dich einmal zu aufwühlend sein, komm einfach zu deinem Atem zurück.

Übungen für die 7. Woche

Metta-Meditation:

Übe die Metta-Meditation täglich (mit oder ohne CD), wann immer es in deinen Tagesablauf passt. Übe erst mit dir selbst, und wenn du magst, dann weite sie auch auf andere Personen aus.

Übung im Alltag:

Richte im Laufe des Tages bewusst deine Aufmerksamkeit immer mal wieder auf deinen Atem. Wenn du Schwierigkeiten, Probleme und unangenehme Gefühle bemerkst, übe dich darin, ihnen mit heilsamen Wünschen zu begegnen.

8. WOCHE: **DAS LEBEN ALS MEDITATION**

In dieser Woche möchte ich dich inspirieren, Alltagsaktivitäten vermehrt als Übungsobjekte zu nutzen, sodass alles in deinem Leben zur Meditationspraxis wird. Das ist der Königsweg der Meditation und gibt dir die Möglichkeit, auch dann zu üben, wenn du gerade gar keine Zeit hast – einfach nebenbei.

MEDITATION IN AKTION

Nach sieben Wochen Meditation mit den unterschiedlichsten Aspekten verfügst du nun über ein recht umfangreiches Repertoire an Meditationsübungen. Doch das beste Werkzeug nützt nichts, wenn du es nicht unmittelbar auf die erforderliche Situation hin anwenden kannst. Meditation ist ein Training, das beständig unter wechselnden Bedingungen ausgeführt werden will, damit es deine geistigen Muskeln der Achtsamkeit, der Liebe und des Mitgefühls stärkt. Deshalb ging es bei diesem Crashkurs nie nur darum, dich zum stillen Sitzen auf deinen Meditationsplatz zurückzuziehen, sondern immer auch um Meditationsübungen, die du jederzeit und überall im Alltag praktizieren kannst.

Alltagsmeditation

Heute möchte ich dich inspirieren, Alltagsaktivitäten vermehrt als Übungsobjekte zu nutzen, sodass sich die Achtsamkeit fest in deinem Leben etablieren kann. Durch die Bewusstheit, die du auf diese Weise entwickelst, erlebst du alles um dich her viel intensiver, bist entspannter und empfindest viel mehr Lebensfreude.

Keine Sorge, du brauchst deswegen nicht alles im Schneckentempo zu machen. Es wird kaum jemand bemerken, dass du gerade übst. Du tust alles weiter wie bisher, nur mit mehr Bewusstheit. Und noch etwas Praktisches kommt hinzu: Du übst und brauchst dafür noch nicht einmal Extra-Zeit aufzuwenden. Großartig, oder?

Inspiration für den Alltag

Die folgenden Anregungen sind als Inspiration gedacht. Such dir einfach immer mal wieder etwas aus, das du in Achtsamkeit ausführst. Je mehr du davon ausprobierst und in deinen Tagesablauf integrierst, umso mehr wird die Achtsamkeit ganz natürlich Teil deines Alltags werden, ohne dass du dich noch groß daran zu erinnern oder anzustrengen brauchst. Es geschieht dann einfach. Geh es locker an, ohne den Anspruch, ab jetzt hundertprozentig achtsam durch dein Leben zu gehen. Realistisch betrachtet wird es ein natürliches Wechselspiel zwischen kurzen und langen Momenten der Achtsamkeit und ebenso kurzen und langen Zeitspannen des gewohnheitsmäßigen Autopiloten geben. Mit der Zeit wächst jedoch deine geistige Präsenz auf natürliche Weise durch die Übung immer mehr. Es gelingt dir, deine Bewusstheit immer weiter auszudehnen und in jeden Teil deines Lebens fließen zu lassen.

Doch auch dann wird es noch Momente geben, in denen du mal vor dich hin träumst, grummelnde Selbstgespräche führst oder etwas automatisch erledigst. Das ist ganz normal. Irgendwann bemerkst du jedoch, dass du gerade wieder im Autopilot-Modus unterwegs bist und den Kontakt zur Gegenwart verloren hast. In diesem Moment bist du schon wieder achtsam – sonst hättest du es gar nicht wahrgenommen. Und dann sammelst du deine Aufmerksamkeit erneut auf das, was gerade ansteht oder auch auf deinen Atem. So einfach ist das.

Meditativ leben

- Sobald du aufgewacht bist, verbinde dich mit deinem Atem. Bemerke, wenn dein Geist anfängt, schon mal die To-do-Liste für den Tag abzuspulen. Unterbrich den Prozess über den Atem und steh auf mit Aufmerksamkeit für all deine Bewegungen.
- Bleib präsent, während du dir die Zähne putzt, dich beim Duschen einseifst, dir die Haare wäschst, dich abtrocknest und eincremst. Bemerke, wenn du abschweifst, und komm zurück zu den sinnlichen Empfindungen deiner Tätigkeit. Rieche den frischen Duft deines Shampoos, spüre das warme Wasser auf deiner Haut, fühle, wie die Zahnbürste sanft dein Zahnfleisch massiert ...
- Sei beim Zubereiten deines Frühstücks mit deinen Sinnen präsent. Betrachte die Speisen, nimm ihren Duft wahr. Iss ganz bewusst.

- Führe alles, was du morgens tust, mit gesammelter Aufmerksamkeit aus. Sei achtsam, wenn du den Tisch abräumst, die Schuhe und den Mantel anziehst, beim Verlassen der Wohnung die Tür ins Schloss ziehst. Achte darauf, ob deine Gedanken dir vorauseilen. Bring deine Aufmerksamkeit dann freundlich, aber bestimmt wieder zurück zum aktuellen Moment: Atme bewusst tief durch oder verbinde dich mit dem, was du gerade über einen deiner Sinne wahrnimmst – einen Geruch oder eine Körperempfindung, beispielsweise die deiner Hände.
- Wenn du Auto fährst, fahre etwas langsamer als sonst, insbesondere, wenn du gewohnheitsmäßig auf der Überholspur über die Autobahn bretterst. Bleibe präsent und nimm wahr, wie es dort aussieht, wo du entlangfährst, auch wenn du die Gegend schon kennst. Schau dir an, was sich jahreszeitlich oder je nach Wetter verändert. Nutze rote Ampeln für eine kurze Atem-Meditation. Sie werden eh nicht schneller grün, wenn du dich aufregst. Während du stehst, kannst du eine Pause machen, deinen Atem fühlen und ärgerliche Gefühle unterbrechen.
- Bleib während deiner täglichen Arbeit oder was auch immer du vorhast, präsent. Wenn du vorausplanen oder ein Problem durchdenken möchtest, tu das konzentriert und in vollem Bewusstsein. Schreibe deine Gedanken und die einzelnen Facetten der Problematik auf ein Blatt Papier. Das kann den konstruktiven Planungsprozess unterstützen, und du gleitest nicht so schnell in fruchtloses Grübeln ab. Sobald sich Mutmaßungen einschleichen, unterbrich das Szenario sofort, halte dich an die Tatsachen. Wende die Atem-Meditation oder die Wünsche der Metta-Meditation an, wann immer du bemerkst, dass du aus dem Gleichgewicht kommst. Übe dich darin, immer nur eine Tätigkeit nach der anderen zu verrichten. Unser Gehirn ist nicht multitasking-fähig. Erstelle dir jeden Tag eine To-do-Liste, die du nach und nach abarbeiten kannst.

- Nutze Tür-, Telefon- bzw. Handy-Klingeln, Kirchengeläut oder das Hupen von Autos als »Wecker«, um dich aus deiner Alltagstrance zu holen. Halte kurz inne, wenn du diese Geräusche hörst, atme durch und wende dich dann mit frischer, gesammelter Aufmerksamkeit der aktuellen Aufgabe zu (zum Beispiel in Ruhe den Anruf entgegenzunehmen oder die Tür zu öffnen).
- Bewahre dir deine Präsenz, auch wenn sich der Tag dem Ende zuneigt. Bleib wie auch am Morgen achtsam bei allem, was du tust, beim Zähneputzen, Gesicht eincremen, entkleiden …
- Bemerke, wenn dein Geist schon mit Dingen des nächsten Tages beschäftigt ist oder Begebenheiten des vergangenen Tages durchkaut. Unterbrich ihn freundlich und bring deine Aufmerksamkeit zurück zu dem, was du jetzt gerade tust.
- Setz dich, bevor du ins Bett gehst, noch für fünf Minuten auf deinen Meditationsplatz. Sammle deine Aufmerksamkeit auf deinen Atem oder mach auf der Bettkante sitzend die Atemraum-Meditation (Anleitung siehe auf der nächsten Seite).
- Wenn du im Bett liegst, bleib bei deinem Atem, bis du einschläfst. Das schützt dich vor Gedankenketten. Solltest du während der Nacht wach werden und die Grübelmaschine läuft an, unterbrich diesen Vorgang sofort und richte deine Aufmerksamkeit auf deinen Atem.
- Wenn du nicht zur Ruhe kommst und die Gedanken zu stark sind, bleib nicht grübelnd liegen, sondern steh auf. Setz dich an deinen Meditationsplatz und übe eine für dich jetzt passende Meditation mit der beiliegenden CD. Alternativ: Lies ein paar Seiten leichte Lektüre, räume bewusst ein wenig die Wohnung auf oder falte Wäsche zusammen. Das kann helfen, Abstand von aufwühlenden Themen zu bekommen und wieder in den Schlaf zu finden. Gute Nacht!

Meditations-Quickie für zwischendurch

Die folgende Meditation ist so etwas wie ein Neustart, wenn du bemerkst, dass du dich im Alltag gerade verheddert hast. Damit unterbrichst du den Autopiloten, anstatt verwirrt oder überfordert weiterzumachen. Du brauchst für die Übung höchstens vier Minuten Zeit. Du kannst sie überall durchführen, ob im Meeting, an deinem Schreibtisch, am Kopierer, an der Bushaltestelle oder in der Schlange an der Supermarktkasse. Das Einzige, was du zu tun brauchst, ist unauffällig eine möglichst aufrechte und würdevolle Haltung einzunehmen. Wenn es möglich ist, schließt du die Augen, sonst lässt du den Blick einfach vor dir auf nichts Speziellem ruhen.

Meditation

Die Atemraum-Übung

- Nimm zu allererst so gut es geht eine aufrechte Haltung ein, ganz gleich ob im Stehen oder Sitzen.
- Dann sammle deine Aufmerksamkeit im jetzigen Moment und schau, was in dir los ist. Frag dich innerlich: »Was für Gedanken gehen mir durch den Kopf? ... Was fühle ich gerade? Ärger oder Freude, Angst oder Glück? Was kann ich jetzt in meinem Körper spüren? Bin ich angespannt oder entspannt, müde oder wach, ruhig oder gestresst ...?
- Erlaube dir, all das wahrnehmen zu dürfen, was ist, ganz gleich, ob es dir angenehm oder unangenehm erscheint. Es geht nur um eine kurze Bestandsaufnahme, mehr nicht.
- Dann sammle deine Aufmerksamkeit auf deinen Atem. Fühle ganz bewusst, wie er ein- und wieder ausfließt. Atemzug für Atemzug.

Der Atem ist dein Anker, der dir hilft, immer aufs Neue in die Gegenwart zurückzufinden.

- Nun dehne deine Aufmerksamkeit über deinen Atem hinaus auf deinen gesamten Körper aus. Fühle ihn, wie er hier sitzt oder steht. Fühle auch dein Gesicht, deine Mimik. Lächelst du, oder sind deine Augenbrauen zusammengezogen und die Lippen aufeinandergepresst?
- Bleib für ein paar Atemzüge mit deinem atmenden Körper verbunden. Dann beende die Übung. Öffne die Augen oder löse den Blick, indem du wach umherschaust. Nimm einen tiefen Atemzug. Recke dich, wenn es möglich ist, und bewahre dir deine frische Aufmerksamkeit.

Übungen für die 8. Woche

Meditation:

Übe täglich eine der Meditationen aus diesem Buch. Wähle jeden Tag eine aus, die dir für dein aktuelles Anliegen stimmig erscheint. Übe, wann immer es in deinen Tagesablauf passt. Übe zusätzlich mindestens einmal täglich den Atemraum (mit oder ohne CD).

Übung im Alltag:

Übe dich darin, Alltagsaktivitäten achtsam und mit voller Präsenz auszuführen sowie durch die Anwendung der Metta-Wünsche Mitgefühl und Verbundenheit zu entwickeln. Nutze diese Wünsche auch spontan bei Schwierigkeiten im Alltag.

AUSBLICK: **WIE ES WEITERGEHEN KÖNNTE**

Meditation ist eine Lebenspraxis. Wenn du in den letzten Wochen deine Freude daran entdeckt hast, dann geht es jetzt darum, wie du die Praxis leicht und mühelos in deinem Alltag aufrechterhalten kannst und somit immer gelassener, klarer und entspannter wirst.

DIE PRAXIS BEIBEHALTEN

Diese acht Wochen waren ein gelungener Anfang, um die Achtsamkeit in deinem Leben zu etablieren. Um sie und alles, was damit an positiven Erfahrungen zusammenhängt, fest in deinem Alltag zu verankern, gibt es noch ein paar wirksame Mittel.

Tipps und Tricks

Schaff dir Übungsroutine

Möglicherweise hast du in den letzten Wochen festgestellt, dass du gern zu bestimmten Tageszeiten übst oder es Zeitfenster im Tagesverlauf gibt, in denen es dir leichterfällt, die Übungen durchzuführen. Vielleicht, weil dann dein Partner und die Kinder schon aus dem Haus oder noch nicht daheim sind und du etwas mehr Freiraum und Ruhe hast.
Nach der ersten Orientierungsphase, in der es noch darum ging, die günstigsten Übungszeiten herauszufinden beziehungsweise immer dann zu üben, wenn es gerade passte, wird es langfristig leichter, die Praxis beizubehalten, wenn du dir angewöhnst, zu einer festen Tageszeit zu üben. So bildet sich eine Routine, die den gleichen Effekt haben wird wie das tägliche Zähneputzen oder Duschen: Du fragst dich nicht mehr: »Soll ich jetzt üben, soll ich heute überhaupt üben oder vielleicht doch besser erst morgen?« Du tust es ganz selbstverständlich. Oder fragst du dich noch, ob du dir heute die Zähne putzen oder unter die Dusche steigen sollst?

Tipp

Just do it!

Diskutiere nie mit deinem inneren Schweinehund, ob du jetzt meditieren sollst oder nicht. Mach es einfach! Und zwar jetzt, in diesem Moment, in dem du daran denkst. In den fünf oder zehn Minuten, die du mit dir ringst, kannst du auch genauso gut üben und hast obendrein ein gutes Gewissen.

Übe möglichst täglich

Das erleichtert es dir dabeizubleiben. Wenn du einmal deine Übungsroutine unterbrechen musst, weil du den ganzen Tag unterwegs bist und abends auch noch eine Einladung hast, schau, welche Minimal-Praxis du durchführen kannst. Zwei bis drei Minuten hat jeder. Praktiziere an solchen Tagen vermehrt deine Alltagsmeditationsübungen. Dasselbe gilt auch für den Urlaub. Wenn du mit der Familie in einem Hotel wohnst, ist es wahrscheinlich nicht so einfach, dich täglich zehn Minuten auf dein Meditationskissen zurückzuziehen. Doch vielleicht lässt sich, wenn du es rechtzeitig ankündigst und mit deinen Lieben vorher durchsprichst, auch hier ein Zeitfenster dafür finden. Probiere ruhig auch mal die Meditation in der Natur aus, etwa morgens (während die Familie noch schläft) am Strand oder auf einem Baumstamm auf einer Waldlichtung.

Falls es dir nicht möglich ist, dich kurz mal zurückzuziehen, reicht es auch für diesen Zeitraum, wenn du dich zum Beispiel gleich nach dem Aufwachen mit deinem Atem verbindest und im Bad, bei allem was du tust, präsent und achtsam bist (siehe Seite 67). Erinnere dich dann im Laufe des Tages immer wieder an deinen Atem und deine Alltagsübungen.

Pflege einen meditativen Alltag

Dein gesamter Alltag kann zur Praxis werden, wenn du dich zwischendurch immer wieder daran erinnerst, alles, was du tust, bewusst zu erledigen, auf deinen Atem zu achten, Gedankenketten zu unterbrechen und in schwierigen Momenten, die dich emotional sehr mitnehmen, innerlich die Metta-Wünsche zu gebrauchen. Plötzlich hast du ohne zusätzlichen Zeitaufwand den ganzen Tag über geübt.

Lass dich von der CD unterstützen

Nutze die CD, solange du möchtest. Solltest du eine Weile ohne sie geübt haben, hör sie dir zwischendurch einfach mal wieder an, da manche Anweisungen in Vergessenheit geraten können. Die CD hilft dir auch, leichter zurück in die Meditationspraxis zu finden, wenn es dir eine Zeit lang gar nicht gelungen ist zu üben. Das kann jedem passieren. Hol dann einfach das Büchlein wieder aus dem Schrank, schlag das Kapitel auf, das dich aktuell gerade am meisten anspricht, hör die CD und fang an.

Suche dir Gleichgesinnte

Suche dir zur Unterstützung in deiner Nähe eine Meditationsgruppe. Am besten schaust du im Internet nach buddhistischen Gruppen (siehe auch Adressen im Anhang Seite 78), die sich wöchentlich treffen. Die Meditationen sind meist angeleitet, so bist du nicht so sehr auf dich allein gestellt. Viele Gruppen praktizieren sehr schlicht (gerade im Zen oder Vipassana), und du brauchst kein Buddhist zu sein oder irgendwo beizutreten, um an der Meditation teilzunehmen. Schau dir einfach ein paar Gruppen an, bis du dich wohlfühlst. So hast du Gleichgesinnte auf deinem Weg und kannst dich über deine Erfahrungen austauschen. Das ist besonders wichtig, wenn deine Familie und Freunde (noch) nicht viel mit dem anfangen können, was du seit Neuestem betreibst. Da kann man sich schon mal recht einsam fühlen und unter Umständen frustriert die Praxis an den Nagel hängen. Und das wäre doch schade, oder?

Probier es mal mit einem Meditationskurs

Es ist durchaus sinnvoll, auch mal einen richtigen Achtsamkeitsmeditationskurs mit einem Lehrer zu besuchen. Du bekommst dort noch mehr Erklärungen und auch eine wesentlich direktere Anleitung für deine Übungspraxis, als es mit diesem kleinen Crashkurs möglich ist. Er sollte nur deine ersten Schritte begleiten, damit du eine Vorstellung davon bekommst, ob Meditation das Richtige für dich ist. Eine direkte, persönliche Arbeit mit einem erfahrenen Lehrer kann er natürlich nicht ersetzen, da du in so einem Kurs auch Fragen oder Schwierigkeiten klären kannst, die vielleicht mit der Zeit auftauchen (Adressen von entsprechenden Zentren findest du im Anhang Seite 78).

Somit sind wir am Ende des Kurses angelangt. Hoffentlich konnte ich dich inspirieren und deine Begeisterung für die wundervolle Praxis der Meditation wecken. Auf jeden Fall wünsche ich dir von Herzen viel, viel Freude und gute Erfahrungen auf deinem meditativen Weg!

Bezugsquellen für Yoga- und Meditationsbedarf

Lotus Design, Dharma Druck und Vertriebs GmbH
Rommerskirchener Straße 21,
50259 Pulheim,
Tel.: 022 38/955 99 66,
info@lotus-design.de,
http://www.lotus-design.de

Klang & Stille GmbH
Rosenauweg 22,
91346 Wiesenttal-Muggendorf,
Tel.: 091 96/99 80 40,
gassho@klang-stille.de,
http://www.klangundstille.de

Bausinger GmbH
Gottlieb-Daimler-Str. 2,
72479 Straßberg,
Tel.: 074 34/600,
info@bausinger.de,
http://www.bausinger.de

Literaturtipps zu Achtsamkeit und Meditation

Daiker, Ilona: *Gelassen wie ein Buddha: Meditationen und Achtsamkeitsübungen für 52 Wochen.* Gräfe und Unzer Verlag 2009

Eßwein, Jan: *Achtsamkeitstraining – Buch mit CD.* Gräfe und Unzer Verlag 2010

Mannschatz, Marie: *Mit Buddha zur inneren Balance – Buch mit CD.* Gräfe und Unzer Verlag 2011

Mannschatz, Marie: *Meditation. Mehr Klarheit und innere Ruhe – Buch mit CD.* Gräfe und Unzer Verlag 2010

Meibert, Petra, Lehrhaupt, Linda: *Stress bewältigen mit Achtsamkeit.* Kösel 2010

Williams, Mark, Penman, Dany: *Meditation im Alltag – Buch mit CD.* Goldmann-Arkana 2011

Weitere Bücher der Autorin:

Stressfrei durch Meditation: Das MBSR-Kursbuch nach der Methode von Jon Kabat-Zinn – Buch mit 2 CDs. O.W. Barth 2012

Buddhas Anleitung für eine glückliche Partnerschaft. Gräfe und Unzer Verlag 2010

Der kleine buddhistische Krisenmanager. Knaur 2009

Der Weg der Achtsamkeit – Bewusstheit und Meditation im täglichen Leben – Buch mit CD. Knaur 2009

Meditations-Kurse werden angeboten bei:

Benediktushof
Zentrum für spirituelle Wege,
Klosterstr. 10,
97292 Holzkirchen,
Tel.: 093 69/98 38-0,
info@benediktushof-holzkirchen.de,
www.benediktushof-holzkirchen.de

BUDDHA-HAUS Meditations- und Studienzentrum e.V.
Uttenbühl 5, 87466 Oy-Mittelberg,
Tel.: 083 76/502,
info@buddha-haus.de,
www.buddha-haus.de

Dharmazentrum Möhra
Hoffmannshöhe 1,
36433 Moorgrund,
Tel.: 036 95/85 07 52,
dharmazentrum-moehra@gmx.de,
www.dharmazentrum-moehra.de

Haus der Stille e.V.
Mühlenweg 20, 21514 Roseburg,
Tel.: 041 58/214,
info@hausderstille.org,
www.hausderstille.org

Waldhaus am Laacher See
Heimschule 1, 56645 Nickenich,
Tel.: 026 36/33 44,
info@buddhismus-im-westen.de,
www.buddhismus-im-westen.de

MBSR/MBCT-Verband
Muthesiusstr. 6, 12163 Berlin,
Tel.: 030/79 70 11 04,
kontakt@mbsr-verband.org,
www.mbsr-verband.org

Arbor Seminare GmbH
www.mbsr-deutschland.de

Schweiz

Stiftung Felsentor
Romiti/Rigi, CH-6354 Vitznau,
Tel.: 00 41/(0)41/397 17 76,
info@felsentor.ch, www.felsentor.ch

Meditationszentrum Beatenberg
CH-3803 Beatenberg,
Tel.: 0041/(0)33/841 21 31,
info@karuna.ch, www.karuna.ch

Österreich

Buddhistisches Zentrum Scheibbs
Ginselberg 12,
A-3270 Scheibbs/Neustift,
Tel.: 00 43/(0)7482/424 12,
bz.scheibbs@gmx.at, www.bzs.at

Kurse mit der Autorin

Institut für Achtsamkeit Düsseldorf
Maren Schneider, Bahlenstr. 42,
40589 Düsseldorf,
Tel.: 02 11/220 41 26,
info@mbsr-duesseldorf.de,
www.achtsamkeit-duesseldorf.de

Register

Die Autorin

Maren Schneider, Jahrgang 1971, ist ausgebildete Lehrerin für Stressbewältigung durch Achtsamkeit (MBSR) und für Achtsamkeitsbasierte Kognitive Therapie (MBCT). Ihre Ausbildungen erhielt sie u. a. bei Linda Lehrhaupt, Jon Kabat-Zinn und Marc Williams. Es ist ihr ein großes Anliegen, auf umsetzbare und möglichst alltagsnahe Weise die Praxis der Meditation für jeden zugänglich zu machen. Neben ihrer Autorentätigkeit arbeitet sie in ihrer eigenen Praxis in Düsseldorf als Heilpraktikerin für Psychotherapie und lehrt Meditation und Achtsamkeit in Form von mehrwöchigen Kursen, Wochenendseminaren, Retreats und in individueller Einzelarbeit.

Projektleitung: Ilona Daiker
Lektorat: Angela Hermann-Heene
Umschlaggestaltung und Layout: independent Medien-Design, Horst Moser, München
Herstellung: Sigrid Frank
Satz: griesbeckdesign, München
Repro: Repro Ludwig, Zell am See
Printed in China

ISBN 978-3-8338-2351-0

2. Auflage 2013

Wichtiger Hinweis

Die Informationen und Ratschläge in diesem Buch stellen die Meinung bzw. Erfahrung der Autorin dar. Sie wurden von ihr nach bestem Wissen erstellt und mit größtmöglicher Sorgfalt geprüft. Es ist Ihre Entscheidung in eigener Verantwortung, ob und inwieweit Sie die in diesem Buch dargestellten Methoden, Tipps und Maßnahmen anwenden möchten und können. Weder Autorin noch Verlag können für eventuelle Nachteile oder Schäden, die aus den im Buch gegebenen praktischen Hinweisen resultieren, eine Haftung übernehmen.

CD-Produktion

VIAS Projects, München

Bildnachweis

Illustrationen:
Stefan Bachmann, Wiesbaden

Syndication:

www.jalag-syndication.de

Die GU-Homepage finden Sie im Internet unter www.gu.de

www.facebook.com/gu.verlag

GRÄFE UND UNZER

Ein Unternehmen der
GANSKE VERLAGSGRUPPE